Programación Ajax

y

jQuery

2ª EDICIÓN

Andrés Serbat Ocaña

IT CAMPUS ACADEMY

ISBN: 9781974379866

TABLA DE CONTENIDOS

TABLA DE CONTENIDOS   4

NOTAS DEL AUTOR   7

INTRODUCCIÓN A AJAX   8

AJAX HTTP REQUESTS   10
SOPORTE DE LOS NAVEGADORES   12

AJAX Y PHP: APRENDIENDO LA BASE   23

APRENDIENDO AJAX   25
AJAX PRIMITIVO   25
DESARROLLANDO UNA APLICACIÓN CON AJAX   28
MODELADO   28
MÓDULO JAVASCRIPT   31
MÓDULO PHP   37
MÓDULO HTML   39
ENVIAR FORMULARIOS CON AJAX USANDO PHP   39

EJEMPLOS EN AJAX   47

SOLICITAR UN USUARIO   47
ENVIANDO UNA PETICIÓN DEL USUARIO   47
AJAX – EL SCRIPT SERVER-SIDE   50
SUGERENCIA PARA HACER EN AJAX   51
SUGERENCIA PARA HACER CON AJAX   55
LA PÁGINA DEL USUARIO DE AJAX CON ASP Y PHP   59
EJEMPLO DE AJAX CON BASES DE DATOS   66

EL AJAX JAVASCRIPT   68

EJEMPLO DE LA BASE DE DATOS DE PHP, AJAX Y MYSQL   **72**

LA BASE DE DATOS   72

EL FORMULARIO DEL HTML   72

EL JAVASCRIPT   74

LA PÁGINA PHP   78

EJEMPLO DE AJAX XML   **80**

EL AJAX JAVASCRIPT   82

LA PÁGINA DEL USUARIO DE AJAX   85

EJEMPLO DE PHP Y DE AJAX XML   **86**

EL FORMULARIO HTML   87

EL ARCHIVO XML   89

EL JAVASCRIPT   102

LA PÁGINA PHP   105

EJEMPLO DE AJAX RESPONSEXML   **108**

EL AJAX JAVASCRIPT   111

LA PÁGINA DEL USUARIO DE AJAX   114

EJEMPLO DEL RESPONSEXML DE PHP Y DE AJAX   **117**

EL FORMULARIO DEL HTML   118

EL JAVASCRIPT   121

LA PÁGINA DE PHP   124

AJAX APPML   **127**

JQUERY   **129**

JQUERY VS .$( )   135

OBSERVANDO EVENTOS HTML   **143**

AJAX Y JSON CON JQUERY Y PHP   **146**

JQUERY – EVENTOS EN CONTENIDO CARGADO POR AJAX   **150**

JQUERY UI   **152**

TRADUCIENDO EL CALENDARIO. EL DATEPICKER DEL JQUERY UI   157

IR HACIA EL TOP DE LA PÁGINA USANDO JQUERY 158
USAR UN SELECT CON JQUERY + AJAX + JSON 159
SELECTORES 165
PSEUDO-SELECTORES 165
PROBANDO SI UNA SELECCIÓN CONTIENE ELEMENTOS 166
MANIPULANDO ATRIBUTOS 167
CREANDO ELEMENTOS DINÁMICAMENTE 167
¿POR QUÉ TRABAJAR CON JQUERY UI? **168**
INSTALACIÓN 169
ACCORDION 171
AUTOCOMPLETE 172
BUTTON 172
DIALOG 173
PROGRESSBAR 174
TABS 174

REFERENCIAS BIBLIOGRÁFICAS **176**

ACERCA DEL AUTOR **177**

Notas del Autor

Esta publicación está destinada a proporcionar el material útil e informativo. Esta publicación no tiene la intención de conseguir que usted sea un maestro de las bases de datos, sino que consiga obtener un amplio conocimiento general de las bases de datos para que cuando tenga que tratar con estas, usted ya pueda conocer los conceptos y el funcionamiento de las mismas. No me hago responsable de los daños que puedan ocasionar el mal uso del código fuente y de la información que se muestra en este libro, siendo el único objetivo de este, la información y el estudio de las bases de datos en el ámbito informático. Antes de realizar ninguna prueba en un entorno real o de producción, realice las pertinentes pruebas en un entorno Beta o de prueba.

El autor y editor niegan específicamente toda responsabilidad por cualquier responsabilidad, pérdida, o riesgo, personal o de otra manera, en que se incurre como consecuencia, directa o indirectamente, del uso o aplicación de cualesquiera contenidos de este libro.

Todas y todos los nombres de productos mencionados en este libro son marcas comerciales de sus respectivos propietarios. Ninguno de estos propietarios ha patrocinado el presente libro.

Procure leer siempre toda la documentación proporcionada por los fabricantes de software usar sus propios códigos fuente. El autor y el editor no se hacen responsables de las reclamaciones realizadas por los fabricantes.

INTRODUCCIÓN A AJAX

Antes de continuar deberá tener una comprensión básica de lo siguiente:

- HTML / XHTML
- JavaScript

AJAX = Asynchronous JavaScript and XML

AJAX no es un lenguaje de programación nuevo, sino una técnica para desarrollar software mejor y más rápidamente, y una aplicación más interactiva de las aplicaciones web.

Con AJAX, su Javascript puede comunicarse directamente con el usuario, usando el objeto de **XMLHttpRequest** del Javascript. Con este objeto, Javascript puede negociar datos con un servidor web, sin necesidad de recargar la página.

AJAX usa la transferencia de datos asíncrona (peticiones del HTTP) entre el navegador y el servidor web, permitiendo que las páginas webs envíen pedazos de pequeñas informaciones del usuario en vez de enviar las páginas enteras.

La técnica de AJAX hace que aplicaciones de Internet sean más pequeñas, más rápidas y más userfriendly (amigables para el usuario).

AJAX es independiente de la tecnología del navegador del software del servidor web.

AJAX está basado en estándares Web Standards

AJAX está basado en los siguientes estándares de la web Standards:

- JavaScript
- XML
- HTML
- CSS

Los estándares de la web Standards usados en AJAX están bien definidos, y son soportados por todos los principales navegadores. Las aplicaciones AJAX son independientes de los navegadores y de la plataforma en la que se ejecutan.

AJAX se usa en las mejores aplicaciones de Internet

Las aplicaciones Web tienen muchos beneficios sobre las aplicaciones desktop; pueden alcanzar una mayor audiencia, son más fáciles de instalar y de mantener, y son más fáciles de desarrollar.

Sin embargo, las aplicaciones de Internet no son siempre tan "ricas" y user-friendly como las aplicaciones desktop tradicionales.

Con AJAX, las aplicaciones de Internet pueden ser desarrolladas con más funcionalidades y más user-friendly.

AJAX usa peticiones del HTTP

En la codificación tradicional en Javascript, cuando comienza querrá comenzar con alguna información de una base de datos o con algún archivo del usuario, o enviar información del usuario a otro usuario, también querrá crear un formulario HTML y enviar o recibir los datos del usuario. El usuario tendrá que enviar "Submit" con el botón para enviar el formulario, esperando que la información sea enviada correctamente, después se cargará una página nueva con el resultado del envío (enviado o error de envío, normalmente).

El usuario se dirige a una página nueva cada vez que este envía información (ya sea un formulario, un comentario, etc...), por ello, las aplicaciones web tradicionales pueden funcionar más lento de lo normal cuando recibe mucha información de los usuarios y tienden a ser más menos user-friendly.

Con AJAX, Javascript se comunica directamente con el usuario a través del objeto de **XMLHttpRequest** de JavaScript.

Con las peticiones del HTTP, una página web puede hacer una petición, y recibir una respuesta de un servidor Web, sin necesidad de recargar la página. El usuario permanecerá en la misma página, y no apreciará como trabajan los scripts que reciben y que envían los datos a un servidor Web, ya que esto se realiza en segundo plano.

Su primera aplicación en AJAX

Para comprender como funciona AJAX, crearemos una pequeña aplicación en AJAX.

De entrada, crearemos un formulario estándar en HTML con los dos campos del texto: usuario y equipo. El campo usuario será rellenado por el usuario y el campo equipo será rellenado automáticamente usando AJAX.

El archivo de HTML se llamará "testAjax.htm", y será como podemos ver a continuación:

```
<html>

<body>

<form name="myForm">

Nombre: <input type="text" name="usuario" />

Equipo: <input type="text" name="equipo" />

</form>

</body>

</html>
```

La clave de AJAX está el objeto de **XMLHttpRequest**.

Los diferentes navegadores usan métodos diferentes para crear el objeto de **XMLHttpRequest**. Por ejemplo, Internet Explorer usa un ActiveXObject, mientras que otros navegadores usan el objeto interno de Javascript llamado **XMLHttpRequest**.

Para crear este objeto, y para tratar con los diferentes navegadores, tenemos que usar una sentencia "try... catch". Para ello vamos a actualizar nuestro archivo "testAjax.htm" con el Javascript que crea objeto de **XMLHttpRequest**:

<html>

<body>

<script type="text/javascript">

function ajaxFunction() {

var xmlHttp;

try

       { // Firefox, Opera 8.0+, Safari

xmlHttp=new XMLHttpRequest();

}

```
catch (y ) {    // Internet Explorer try
{     xmlHttp=new ActiveXObject("Msxml2.XMLHTTP"); }
  catch (y ) {
try
{
xmlHttp=new ActiveXObject("Microsoft.XMLHTTP");
}
    catch (y ) {
 alert("Su navegador no soporta AJAX!");
  return false;
}}}
}
</script>
 <form name="myForm">
Nombre: <input type="text" name="usuario" />
Equipo: <input type="text" name="equipo" />
</form>
```

```
</body>

</html>
```

Explicación del ejemplo:

Crear una entrada con la variable **xmlHttp** para llamar al objeto de **XMLHttpRequest**.

Intente crear el objeto con **xmlHttp=new XMLHttpRequest()**. Este se crea para los navegadores Firefox, Ópera, y Safari. Si esto falla, intentamos **xmlHttp=new ActiveXObject("Msxml2.XMLHTTP")** el cual se crea para el Internet Explorer 6.0+, si este también falla, intentamos **xmlHttp=new ActiveXObject("Microsoft.XMLHTTP")** el cual se crea para el Internet Explorer 5.5+.

Si ninguno de los tres métodos está soportado, es decir, si todos fallan, el usuario tiene un navegador muy antiguo, y verá una alerta indicando que el navegador no soporta AJAX.

El código navegador-especifico del ejemplo anterior le durará durante mucho tiempo y está completamente entero. Sin embargo, este es el código de comienzo que se usa cada vez que necesitamos crear un objeto de **XMLHttpRequest**, con lo cual necesitará copiarlo y pegarlo cada vez que necesite crear un objeto **XMLHttpRequest**. El código del ejemplo anterior es compatible con todos los navegadores populares: Internet Explorer, Ópera, Firefox, y Safari.

Para aprender un poco sobre AJAX tenemos que hablar sobre Javascript y el famoso objeto **XMLHttpRequest**.

El objeto **XMLHttpRequest** permite a los desarrolladores recibir y enviar información al servidor sin que el usuario note la diferencia. Fue creado por Microsoft y era uno de los componentes ActiveX, pero aún así casi todos los navegadores de hoy en día tienen la capacidad de usar el **XMLHttpRequest**.

Antes de enviar datos del usuario, tenemos que explicarle tres propiedades importantes del objeto de **XMLHttpRequest**.

La propiedad <u>onreadystatechange</u>

Después de enviar una petición del usuario, necesitamos una función que pueda recibir los datos que son devueltos para el usuario.

La propiedad **onreadystatechange** almacena la función que procesará la respuesta de un usuario. El código siguiente define una función vacía y ajusta la propiedad **onreadystatechange** a la vez:

xmlHttp.onreadystatechange=function()

{ // escribir aquí algún código

}

La propiedad readyState

La propiedad **readyState** contiene el status de la respuesta del usuario. Cada vez que el **readyState** cambia, la función **onreadystatechange** se ejecuta.

Los posibles valores de la propiedad del **readyState** son:

Estado	Descripción
0	Las peticiones no se han inicializado
1	La petición se está procesando
2	La petición se ha enviado
3	La petición está en proceso
4	La petición se ha completado

id	Nombre	Apellidos	Actual	Ciudad	Profesión
1	Peter	Griffin	41	Quahog	Brewery
2	Lois	Griffin	40	Newport	Piano Teacher
3	Joseph	Swanson	39	Quahog	Police Officer
4	Glenn	Quagmire	41	Quahog	Pilot
id	Nombre	Apellidos	Actual	Ciudad	Profesión
1	Peter	Griffin	41	Quahog	Brewery
2	Lois	Griffin	40	Newport	Piano Teacher
3	Joseph	Swanson	39	Quahog	Police

					Officer
4	Glenn	Quagmire	41	Quahog	Pilot

xmlHttp.onreadystatechange=function()

{ if(xmlHttp.readyState==4)

{ // recibe los datos de la respuesta del usuario}

}

La propiedad responseText

Los datos enviados por el usuario pueden ser recuperados con la propiedad **responseText**.

En este código, ajustaremos el valor de nuestro campo de entrada del "equipo (tiempo)" igual al **responseText**:

xmlHttp.onreadystatechange=function() {

if(xmlHttp.readyState==4) {

document.myForm.equipo.value=xmlHttp.responseText;

}}

Para poder usar el **XMLHttpRequest** tenemos que crear una función en Javascript, que llamaremos siempre que necesitemos enviar o recibir información al servidor.

Veamos un ejemplo:

```
var xmlHttp

function GetXmlHttpObject(handler)

{

var objXmlHttp=null

if (navigator.usuarioAgent.indexOf("Mozilla")>=0)

{

alert("Este ejemplo no funciona en Firefox")

return;

}

if (navigator.usuarioAgent.indexOf("MSIE")>=0)

{

var strName="Msxml2.XMLHTTP"

if (navigator.appVersion.indexOf("MSIE 5.5")>=0)

{
```

```
strName="Microsoft.XMLHTTP"

}

try

{

objXmlHttp=new ActiveXObject(strName)

objXmlHttp.onreadystatechange=handler

return objXmlHttp

}

catch(y)

{

alert("ActiveX no está activado")

return

}

}

if (navigator.usuarioAgent.indexOf("Chrome")>=0)

{

objXmlHttp=new XMLHttpRequest()
```

```
objXmlHttp.onload=handler

objXmlHttp.onerror=handler

return objXmlHttp

}

}
```

Esta función va a crear nuestro objeto, veamos que operaciones ha realizado:

- Primero comprobamos si el navegador del usuario es Mozilla, si fuera así estaríamos bloqueados (de momento).
- Después comprobamos si el navegador es de Microsoft, si fuera superior de la versión 5.5 del Internet Explorer usamos el Msxml2, la versión más reciente, sino usamos el antiguo.

Por último, comprobamos si el navegador es Google Chrome.

Ahora faltan dos funciones importantes, la primera la función que envía nuestro pedido al servidor y la segunda la función que recibe la información del servidor. Vamos comenzar con la primera.

function enviarAlgoAUnScript(strTomaresto)

```
{
```

```
var
url="voyarecibirlainformacion.asp?InformaccionParaElS
cript="+strTomaresto

xmlHttp=GetXmlHttpObject(yaTenemosRespuesta)

xmlHttp.open("GET", url , true)

xmlHttp.send(null)

}
```

Para tal creamos la función enviarAlgoAUnScript y enviamos una variable con el parametro strTomaresto.

La variable url, es el script que queremos que reciba la variable. Después llamamos a nuestra función que abre la conexión, y también decimos cual es la otra función que va a lidiar con la respuesta del servidor. La función que va lidiar con la respuesta del servidor es: yaTenemosRespusta.

```
function yaTenemosRespuesta()

{

if              (xmlHttp.readyState==4              ||
xmlHttp.readyState=="complete")

{

document.getElementById("dizaiavariavel").innerHTML=
xmlHttp.responseText
```

```
}

}
```

Esta función es la que lidia con la respuesta del servidor, básicamente cuando el servidor enviar la respuesta, esta será presentada en un div con el ID decirlavariable.

Esto hasta puede parecer un poco confuso, pero si ya está acostumbrado a trabajar con PHP o ASP, imagine AJAX como el PHP/ASP cuando usan una base de datos.

Para abrir una conexión con la base de datos:

- Abrir y presentar los resultados de la base de datos a través del recordset;
- Cerrar la conexión y destruir el recordset.

En AJAX:

- Enviar y abrir la conexión con el servidor;
- Esperar por la respuesta;
- Presentar los resultados.

Por ejemplo, imagine que tiene una caja de input y que al escribir lo que sea, que cambie el focus del ratón hacia fuera de la caja sin necesidad de recargar la página. Esto es el inicio, pero va podemos ver la diferencia de lo que AJAX es capaz de hacer y las ventajas que trae consigo.

AJAX Y PHP: APRENDIENDO LA BASE

A continuación, presentaremos al Lector la tecnología AJAX, resolviendo algunas confusiones sobre lo que realmente es, y como y donde debe ser usada.

A continuación, veremos un ejemplo de cómo implementar una solución AJAX sin necesidad de Frameworks. AJAX le permite ejecutar tareas simples y avanzadas de forma amigable, simple y ágil.

1. AJAX: Qué es AJAX

El camino para el aprendizaje de AJAX es muy largo, pero aun así tiene diversos atajos que pueden agilizar en el desarrollo, sin embargo, le puede acabar "saliendo el tiro por la culata" más tarde, sino tiene el conocimiento adecuado. El primer paso y también el punto de mayor confusión, es la vieja consulta, "¿Qué es AJAX?". Algunos le dijeron que es un detergente, otros le dijeron que es un nuevo lenguaje de programación, yo les digo que se trata de una nueva forma de ver algo más antiguo.

El AJAX es un conjunto de técnicas nuevas, que envuelven diversas tecnologías antiguas, de entre estas: Javascript, XML, Document Object Model (DOM). De entre estas tecnologías el único elemento nuevo es el **XMLHttpRequest**, y aun así no es tan nuevo como parece.

El **XMLHttpRequest** surge por primera vez en 2000, creado por Microsoft para ser usado en el Outlook Web Access. En 2002 Mozilla incorpora el objeto en sus navegadores y fue en 2006 fue lanzado el primero draft en la W3C. Este es el punto de inicio del gran hype de la "Web 2.0" y es cuando AJAX comenzará a ser ampliamente utilizado.

Conceptualmente, AJAX significa "Asynchronous JavaScript and XML" o Javascript Asíncrono y XML, pero en la práctica también es posible utilizar objetos con notación JSON (JavaScript Object Notation), al revés de XML. Más adelante veremos las ventajas y desventajas de esto. El gran concepto de AJAX es permitir que el cliente se comunique con el servidor a través de este request, que es realizado en segundo plano, sin recargar la página, uniendo de manera efectiva y eficiente la tecnología client-side con la tecnología server-side y potencializando la comunicación.

Aunque sea algo muy legal, el AJAX no debe ser usado en cualquier lugar, ya que, en vez de ayudar, puede hacer truncar la experiencia del usuario, evite usar AJAX, por ejemplo, como forma de navegación principal.

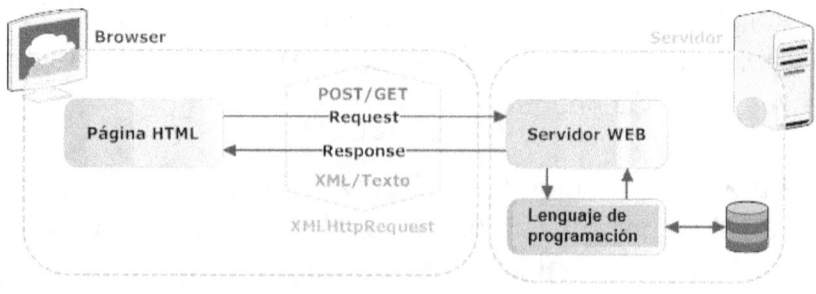

Figura 1 – Flujo de una petición AJAX

Como vimos anteriormente, el camino para aprender AJAX tiene diversos atajos y, en el momento en el que decide aprender AJAX, es necesario evaluar qué camino tomar. Existen dos caminos principales para trabajar, aprender AJAX con frameworks o sin frameworks. Cada uno tiene su ventaja como, por ejemplo, con frameworks la productividad aumenta, sin embargo, sin haber trabajado el camino "primitivo" dar soporte a scripts que contienen errores puede hacerse una tarea extraordinariamente difícil. Yo, personalmente, defiendo que se debe aprender por el camino difícil para después vivir en el camino fácil, por ello abordaremos las dos formas de usar y aprender AJAX, comenzando por el AJAX puro, o sea, primitivo, y dejando el segundo ejemplo para una futura contribución.

AJAX PRIMITIVO

Implementar funciones de AJAX manualmente es una tarea difícil, al contrario de lo que muchos piensan, sin embargo, es importante, ante todo, entender cómo funciona el objeto **XMLHttpRequest**.

El Request simula el funcionamiento del navegador. En este último, cuando se clica en un link, se hecha una petición para determinado archivo y el resultado de esta petición es presentado en la pantalla del navegador. En AJAX, esa petición se hace de la misma forma, sin embargo, el resultado no se carga en la ventana sino dentro del propio objeto request, eso causa el efecto de segundo plano que el AJAX presenta.

Para eso, el objeto posee algunos métodos y propiedades importantes. Primero, veamos las propiedades:

ReadyState: estado actual de la petición, indica si la página aún está siendo buscada o si el resultado ya llegó, puede poseer estos estados:

- 0 = uninitialized (no inicializado)
- 1 = loading (cargando)
- 2 = loaded (cargado)
- 3 = interactive (interactuando)
- 4 = complete (completo)

ResponseText: Resultado de la petición en formato de texto común, usado también para JSON

ResponseXML: Resultado en formato XML

Status: Códigos de error o éxito como: 200,404,403...

StatusText: Códigos de error, pero de forma textual (Not found...)

Onreadystatechange: propiedad/evento, indica la función que será ejecutada cuando la petición cambiar su readyState

Para ejecutar su papel, el objeto cuenta también con algunos métodos:

Open("method","URL",async,"uname","pswd") estos métodos abren una nueva petición para una URL determinada con el método escogido (GET o POST). Esta petición puede ser síncrona o asíncrona, determinando si el código continúa siendo ejecutado independiente de la respuesta o si la respuesta está esperando para continuar el procesamiento.

Send(content) este método inicia la comunicación con la URL y recibe sólo el parámetro (opcional) del contenido que debe enviar. Este contenido está en formato de URL, o sea, var=valor&var2=valor2.

Abort() este método es simple y puede ser muy importante, ya que finaliza una petición que aún no ha devuelto ninguna respuesta del servidor, y es útil en casos donde las nuevas peticiones pueden ocurrir descartando las anteriores sin respuestas, como en campos de auto-complete.

SetRequestHeader("label", "value") este método es importante cuando utilizamos el método POST, permitiendo establecer el contenido de la petición para "multipart/form-data", por ejemplo. Un fallo en este punto puede derrumbar toda la petición.

GetResponseHeader("headername") y getAllResponseHeaders() estos métodos sólo son útiles con comprobaciones de seguridad que permiten, por ejemplo, verificar si el contenido de la respuesta realmente está en JSON o en XML.

Para entender cómo usar este objeto y como debemos manipular sus métodos y propiedades, a continuación, definiremos un ejemplo simple de una aplicación que puede utilizar AJAX, y que verá paso a paso como se hace su implementación.

DESARROLLANDO UNA APLICACIÓN CON AJAX

El sistema propuesto es muy simple, justamente para facilitar la comprensión sobre AJAX y no se enfocará en otros aspectos. A grosso modo, el sistema debe poseer una región donde presenta los mensajes, el muro de publicación, y un campo que permita que alguien teclee algo, insertando esto en el muro sin tener que recargar la página como un todo.

MODELADO

El primer paso de un sistema debe ser siempre el modelado, utilizando UML u otras formas de modelado, sin embargo, como esta no es nuestro objetivo, haré sólo un modelado simple para la comprensión del sistema. El sistema contará con dos funcionalidades, adición y visualización de imágenes. Por lo tanto, la figura de abajo presenta el flujo de los datos y los eventos del momento en el que el usuario envía su mensaje hasta que aparezca en el muro, por motivos de simplicidad, al recargar la página, los mensajes no son recargados en el muro.

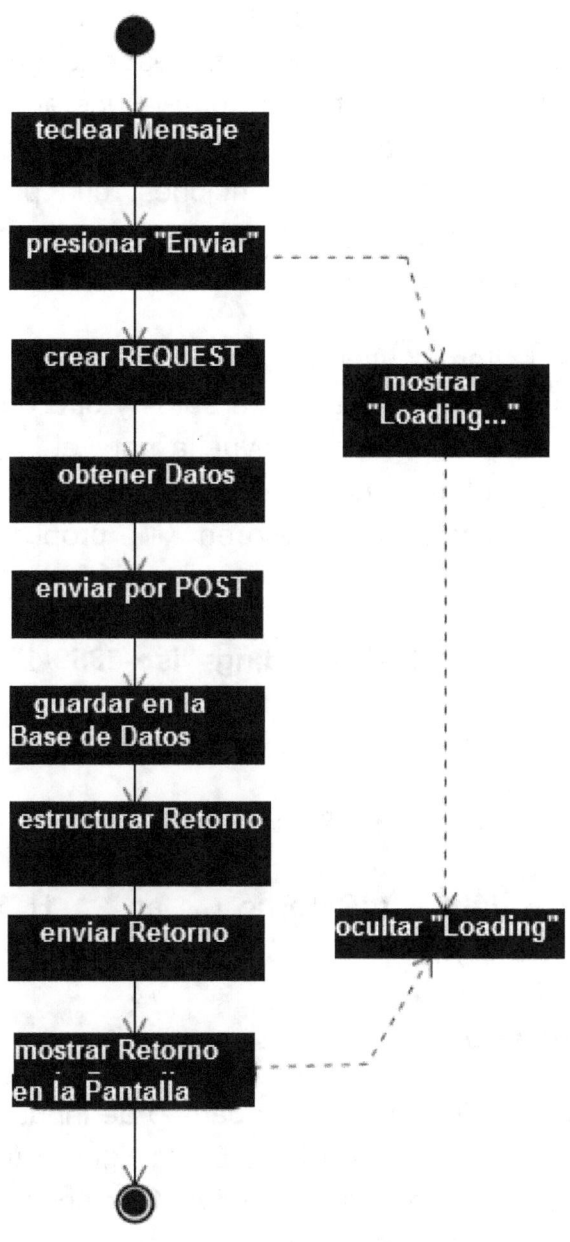

Figura 2 – Flujo del ejemplo

Separa el sistema en tres módulos: javascript, HTML y PHP, para poder ver la interacción entre esos lenguajes. En el módulo de javascript, se realiza toda la operación de AJAX propiamente dicha, como se muestra en la figura arriba. Para eso, debemos crear 3 funciones: una para crear el request, una para enviar el mensaje y otra para recibir el retorno y para publicar en el muro.

En PHP necesitamos usar dos funciones: una que reciba los datos y los guarde en la base de datos y otra que formatee el retorno y envíe los datos devuelta para el javascript. En este caso, usaremos XML, pero también se puede usar JSON. La estructura del retorno en XML propuesto es el la siguiente:

<?xml version="1.0" encoding="iso-8859-1" ?>

<response>

<error>0/1</error>

<item id="1">Retorno en HTML del Texto</item>

</response>

En el HTML tendremos sólo un campo de input, un botón y un div que representa el muro. En la figura que vemos a continuación se muestra como las funciones interactúan entre sí, de forma simplificada. Separamos el sistema en 3 archivos, donde cada uno representa uno de los módulos arriba descritos.

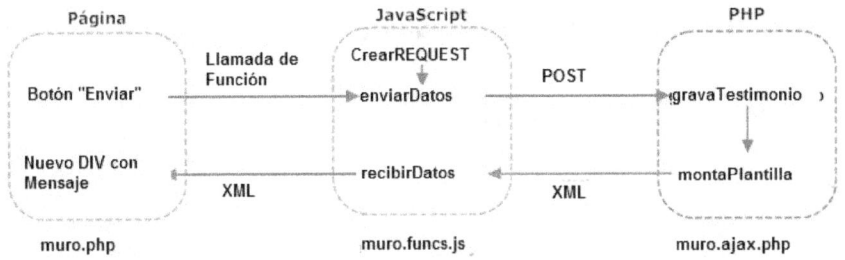

Figura 3 – Interacción de las funciones

La tabla donde se guardarán los datos puede ser creada con este código:

CREATE TABLE `muro` (

`id` int(3) NOT NULL auto_increment,

`msg` text character set latin1 collate latin1_general_ci,

PRIMARY KEY (`id`)

) ENGINE=InnoDB DEFAULT CHARSET=latin1;

MÓDULO JAVASCRIPT

La primera función que necesitamos es la función responsable de crear el request de **XMLHttpRequest**, pero ¿por qué hacer una función? Es sencillo, como el Internet Explorer implementa el objeto de forma diferente a otros navegadores, implementamos estos diferentes métodos en una función, con eso la instanciación del objeto se hace algo más simple y puntual, vea siguiente código:

```
function crearRequest(){

try {

request = new XMLHttpRequest();

} catch (Microsoft) {

try {

request = new ActiveXObject("Msxml2.XMLHTTP");

} catch (otroMicrosoft) {

try {

request = new ActiveXObject("Microsoft.XMLHTTP");

} catch (Fallo) {

request = false;

}

}

}

if (!request)
```

```
alert("Error inicializando XMLHttpRequest!");

else

return request;

}
```

Ahora debemos definir la función que va a enviar estos datos. Esta función debe llamar a la función anterior para obtener un request, y después iniciar su procesamiento. El próximo paso es buscar el texto del campo y montar la petición. Usaremos el método POST y, con eso, debemos definir el header de Content-Type, pasando el texto del campo con el nombre de variable "msg".

En este momento, también es importante que definamos la función que será ejecutada al final de la petición, usando el **onreadystatechange**. Para dar un efecto más en este momento, hacemos visible un DIV con el texto "Cargando..." para que el usuario pueda saber que algo está sucediendo en ese momento. Veamos el código siguiente:

```
function enviarDatos(){

//Nuevo Request

linkReq = crearRequest();

if(linkReq != undefined){

//Coger datos
```

```
var msgBox = document.getElementById('msgBox');

//Montar petición

linkReq.open("POST","muro.ajax.php",true);

linkReq.setRequestHeader('Content-Type',
'application/x-www-form-urlencoded');

linkReq.onreadystatechange = recibirDatos;

var params = "msg="+msgBox.value;

//Cargar DIV de "cargando"

document.getElementById('loading').style.display =
'block';

//Enviar

linkReq.send(params);

//Vaciar formulario

msgBox.value = "";

}

}
```

Definimos la función recibirDatos como el retorno del request, pero este será llamado en cada modificación de estado. Por lo tanto, necesitamos verificar el nuevo estado para saber si el resultado final ya fue devuelto. Una vez confirmado el estado 4, podemos tratar el retorno.

Para eso, como definimos el retorno en XML, leeremos los datos de la variable responseXML, leyendo los campos a través de DOM e insertado este retorno en el DIV, dentro de una DIV propia del mensaje. Esta manipulación es hecha completamente a través del DOM con funciones que están disponibles desde el inicio de los navegadores. Vemos el código siguiente:

```
function recibirDatos(){

//Verificar por el estado "4" está listo

if (linkReq.readyState == '4'){

//Coger datos de la respuesta XML

var xmlRes = linkReq.responseXML;

//Verificar error

var error = xmlRes.getElementsByTagName('error');

if (error[0].firstChild.nodeValue == '1'){

alert("Error en el retorno"+error[0].firstChild.nodeValue);

}else{

//Coger mensaje
```

```javascript
var msg = xmlRes.getElementsByTagName('item');

//Coger DIV destino

var targetDiv = document.getElementById('msgList');

//Montar Nuevo msg

var mDiv = document.createElement('div');

mDiv.id = "msg_"+msg[0].id;

mDiv.innerHTML = msg[0].firstChild.nodeValue;

//Añadir al destino

targetDiv.appendChild(mDiv);

//Eliminar loading

document.getElementById('loading').style.display     =
'none';

}



}

}
```

MÓDULO PHP

Este módulo es sencillo y, en realidad, puede ser substituido por cualquier lenguaje server-side. Como una petición AJAX no es más que una petición normal hecha en segundo plano, nuestro archivo PHP trabaja como cualquier otro script, recibiendo datos, procesando y retornando, siendo la única diferencia que vamos a retornar XML y no HTML.

Al revés de crear dos funciones como hemos en el ejemplo anterior, vamos a implementar sólo un script de forma estructurada que ejecute las dos funciones anteriores. La primera parte debe recibir y guardar los datos en la base de datos, en este ejemplo utilizaremos una base de datos mysql y las funciones normales de mysql para no complicar mucho el aprendizaje. La segunda parte debe coger los mismos datos y convertirlos en una salida enXML, de acuerdo con el patrón que escogemos.

```php
<?php

//Conexión a la base de datos

$db = mysql_connect("host","usuario","contrasena");

$db_selected = mysql_select_db('phpajax', $db);

//Simular proceso retardado para ver el "cargando".
Descartar esto en producción

sleep(3);
```

```php
//Recibir datos

//Guardar en la base de datos

$sql = "INSERT INTO muro (msg) VALUES ('".$_POST['msg']."')";

$res = mysql_query($sql);

//XML de Retorno

$xmlDoc = new DOMDocument('1.0','iso-8859-1');

$response = $xmlDoc->createElement('response');

$response = $xmlDoc->appendChild($response);

//Elemento de error

$error = $xmlDoc->createElement('error',($res)? "0":"1");

$error = $response->appendChild($error);

//Elemento item

$item = $xmlDoc->createElement('item',$_POST['msg']);

$item->setAttribute('id',mysql_insert_id());

$item = $response->appendChild($item);

header('Content-Type: application/xml');
```

```
echo $xmlDoc->saveXML();

?>
```

MÓDULO HTML

Como hemos visto anteriormente, este archivo simplemente tiene un DIV de cargando, un DIV que estará en el Muro y un campo de input con un botón, sin el uso de un formulario, ya que los datos son obtenidos directamente por la función enviarDatos.

```
<script src="muro.funcs.js"></script>

<div id="form"><textarea id="msgBox" cols="15"
rows="4"></textarea>

<input onclick="enviarDatos();" type="button"
value="Enviar" /></div>

<div id="loading">Cargando...</div>
```

ENVIAR FORMULARIOS CON AJAX USANDO PHP

Como hemos visto, en el archivo procesar.php, el método de recibir se hace con GET, sin embargo, AJAX envía a través de POST, por eso, al enviar, no aparecen los campos enviados en la barra de direcciones del navegador.

- Archivo script.js

```javascript
var navegador = navigator.userAgent.toLowerCase();

//Crea y atribuye la variable global 'navegador' el
nombre y la versión del navegador

//Crea una variable global llamada 'xmlhttp'

var xmlhttp;

//Función que inicia el objeto XMLHttpRequest

function objetoXML() {

    if (navegador.indexOf('msie') != -1) { //Internet Explorer

        var control = (navegador.indexOf('msie 5.5') != -1) ?
'Microsoft.XMLHTTP' : 'Msxml2.XMLHTTP';

//Operador ternario que añade el objeto patrón de su
navegador (si es el Internet Explorer). Es la variable
'control'

        try {

            xmlhttp = new ActiveXObject(control); //Inicia el
objeto en el Internet Explorer

        } catch (y) { }

    } else { //Firefox, Safari, Mozilla
```

```javascript
    xmlhttp = new XMLHttpRequest(); //Inicia el objeto
en el Firefox, Safari, Mozilla

  }

}

//Función que envía el formulario

function enviarFormulario(url, campos, destino) {

  //Atribuye la variable 'elemento' al elemento que
recibirá la página postada

  var elemento = document.getElementById(destino);

  //Ejecuta la función objetoXML()

  objetoXML();

  //Si el objeto de 'xmlhttp' no es true

  if (!xmlhttp) {

    //Inserta en el 'elemento' el texto atribuido

    elemento.innerHTML = 'No se puede iniciar el
objeto XMLHttpRequest.';

    return;

  } else {
```

```
    //Inserta en el 'elemento' el texto atribuido

    elemento.innerHTML = 'Cargando...';

}

xmlhttp.onreadystatechange = function () {

//Si la petición se ha completado

if (xmlhttp.readyState == 4 || xmlhttp.readyState ==
0) {

    //Si el status de la petición está OK

    if (xmlhttp.status == 200) {

        //Inserta en el 'elemento' la página postada

        elemento.innerHTML = xmlhttp.responseText;

    } else {

        //Inserta en el 'elemento' el texto atribuido

        elemento.innerHMTL      =      'Página      no
encontrada!';

    }

}

}
```

```javascript
//Abre la página que recibirá los campos del formulario

    xmlhttp.open('POST', url+'?'+campos, true);

    //Envía el formulario con los datos de la variable 'campos' (pasado por parámetro)

    xmlhttp.send(campos);

}
```

- formulario.php

```html
<html>

<head>

<title>Enviar formulario con AJAX</title>

<!-- Carga el archivo 'script.js' al iniciar la página! //-->

<script language="javascript" src="script.js" type="text/javascript"></script>

</head>

<body>

<table cellpadding="4" cellspacing="2" width="50%">

<form action="procesar.php" method="post" onsubmit="establecerCampos();
```

```
enviarFormulario('procesar.php', campos, 'mensaje');
return false;">

<tr><td>Nombre</td><td><input name="nombre"
id="nombre" type="text"></td></tr>

<tr><td>Email</td><td><input name="email" id="email"
type="text"></td></tr>

<tr><td></td><td><input type="submit"
value="Enviar"> <input type="reset"
value="Limpiar"></td></tr>

</form>

</table>

<div id="mensaje"/>

<script>

//Crea la función con los campos para enviar por
parámetro

function establecerCampos() {

campos =
"nombre="+encodeURI(document.getElementById('nom
bre').value).

toUpperCase()+"&email="+encodeURI(document.getEle
mentById('email').value);
```

```
}

</script>

</body>

</htm>
```

- procesar.php

```php
<?php
//Determina el tipo de la codificación de la página
header("content-type: text/html; charset=iso-8859-1");
//Extrae los datos del formulario
extract($_GET);
//Verifica si algún nombre fue tecleado
$nombre = ($nombre != "") es $nombre : "desconocido";
//Verifica si algún email fue tecleado
$email = ($email != "") es $email : "desconocido";
//Retorna la respuesta
echo "Hola <b>".$nombre."</b>, su email ?: <la
href='mailto:".$email."'><b>".$email."</b></a>";
```

?>

EJEMPLOS EN AJAX

SOLICITAR UN USUARIO

ENVIANDO UNA PETICIÓN DEL USUARIO

Para enviar una petición del usuario, usamos el método **open()** y el método **send()**.

El método **open()** hace una evaluación de tres argumentos. El primer argumento define que método debe usarse cuando se envía la petición (**GET** o POST). El segundo argumento especifica la URL del script server-side. El tercer argumento especifica que la petición debe ser asynchronously (asíncrona). El método **send()** envía la petición fuera del usuario. Si suponemos que la raíz del HTML y del ASP está en el mismo directorio, el código sería:

xmlHttp.open("GET","equipo.asp",true);

xmlHttp.send(null);

Ahora debemos decidir cuándo se ejecutará la función AJAX. Haremos que la función se ejecute cuando se deja de pulsar las teclas cuando el usuario teclea algo en el campo del texto del usuario:

<form name="myForm">

Name: <input type="text" onkeyup="ajaxFunction();" name="usuario" />

Equipo: <input type="text" name="equipo" />

</form>

Nuestro código AJAX-ready updated de "testAjax.htm" mira ahora como está:

```
<html> <body> <script type="text/javascript"> function ajaxFunction(){

  var xmlHttp;

   try {   // Firefox, Opera 8.0+, Safari

xmlHttp=new XMLHttpRequest();

   } catch (y)

{   // Internet Explorer   try {

      xmlHttp=new ActiveXObject("Msxml2.XMLHTTP");

}catch (y)

{

try {

 xmlHttp=new ActiveXObject("Microsoft.XMLHTTP");
```

```
} catch (y)

{

 alert("Su Navegador no soporta AJAX!");

      return false;

 }

 }

 }

  xmlHttp.onreadystatechange=function() {

   if(xmlHttp.readyState==4) {


 document.myForm.equipo.value=xmlHttp.responseText;

 } }

   xmlHttp.open("GET","equipo.asp",true);

   xmlHttp.send(null);

 }
</script>

<form name="myForm">
```

Name: <input type="text" onkeyup="ajaxFunction();" name="usuario" />

Equipo: <input type="text" name="equipo" />

</form>

</body>

</html>

AJAX – EL SCRIPT SERVER-SIDE

Ahora creamos el script que indica el tiempo actual del usuario. La propiedad **responseText** almacena los datos retornados al usuario. Aquí enviamos el tiempo actual. El código "equipo.asp" será el siguiente:

<% response.expres=-1 response.write(equipo) %>

Expiran los sets de la propiedad antes de que el tiempo (en minutos) de una página cacheada (cached) en un navegador expire. Si un usuario vuelve a la misma página antes de que expire, se mostrará la versión cacheada. (**Response.Expres = -1**) indica que la página nunca será cacheada.

SUGERENCIA PARA HACER EN AJAX

En el ejemplo de AJAX siguiente veremos como una página Web puede comunicarse con un servidor web en línea mientras un usuario introduce datos en un formulario estándar HTML.

Ejemplo explicado - el formulario del HTML

El formulario tiene el siguiente código HTML:

<form>

Nombre: <input type="text" id="txt1" onkeyup="showHint(this.value)"> </form> <p>

Sugerencias: <span id="txtHint"></span></p>

Al comienzo del formulario HTML puede ver un campo de entrada llamado "txt1". Este contiene un atributo del evento para el campo de entrada que define una función que será llamada por el evento **onkeyup**.

Más abajo del formulario puede ver una extensión llamada "txtHint". Esta extensión es usada como un placeholder para los datos recuperados del servidor web.

Cuando se reciben los datos de las entradas del usuario, se llama a la función "**showHint()**" para que esta se ejecute. La ejecución de la función es provocada por el evento "**onkeyup**". En otras palabras: Cada vez que el usuario deja de pulsar las teclas del teclado dentro del campo de la entrada, la función **showHint** será llamada.

Ejemplo explicado - la función showHint()

La función **showHint()** es una función muy simple de Javascript que se coloca en la sección del <head> de la página HTML.

La función se realiza con el siguiente código:

```
function showHint(str) {

  if (str.length==0) {

  document.getElementById("txtHint").innerHTML="";

return;

  }

xmlHttp=GetXmlHttpObject()

if (xmlHttp==null) {

        alert ("Su navegador no soporta AJAX!");

        return;

}

var url="gethint.asp";
```

```
url=url+"?q="+str;

url=url+"&sid="+Math.random();

xmlHttp.onreadystatechange=stateChanged;

xmlHttp.open("GET",url,true);

xmlHttp.send(null);

}
```

La función se ejecuta cada vez que se incorpora un carácter al campo de entrada.

Si tenemos una entrada en el campo del texto (str.length > 0) la función ejecuta lo siguiente:

- Define la URL (nombre del archivo) para enviar del usuario
- Añade un parámetro (q) a la URL con el índice del campo de entrada
- Añade un número aleatorio para impedir que el usuario use un archivo cacheado
- Crea un objeto XMLHTTP, y le pide al objeto que ejecutar una función llamada stateChanged cuando se provoque algún cambio. Este abre el objeto XMLHTTP con la URL con los datos.
- Envía una petición HTTP del usuario
- Si el campo de entrada está vacío, la función simplemente cancela el índice del placeholder del txtHint.

Ejemplo explicado - la función de GetXmlHttpObject()

El ejemplo anterior llama a una función llamada **GetXmlHttpObject()**.

La finalidad de la función es resolver el problema de crear objetos diferentes de xmlHttp para los diferentes navegadores.

La función la podemos ver a continuación:

```
function GetXmlHttpObject() {

var xmlHttp=null;  try {   // Firefox, Opera 8.0+, Safari

xmlHttp=new XMLHttpRequest();

  } catch (y) {   // Internet Explorer

try {

    xmlHttp=new ActiveXObject("Msxml2.XMLHTTP");

} catch (y)

{

xmlHttp=new ActiveXObject("Microsoft.XMLHTTP");

}}

 return xmlHttp;

}
```

Ejemplo explicado - A función stateChanged()

La función **stateChanged()** tiene el siguiente código:

function stateChanged() {

if (xmlHttp.readyState==4) {

document.getElementById("txtHint").innerHTML=xmlHtt p.responseText;

} }

La función **stateChanged() se** ejecuta cada vez que cambia el estado del objeto de XMLHTTP.

Cuando el estado cambia a 4 ("completo"), el índice del placeholder del txtHint se rellena con el texto de la respuesta.

SUGERENCIA PARA HACER CON AJAX

El código fuente que veremos a continuación es el código del ejemplo de AJAX en la página precedente.

El HTML de la página de AJAX

Esta es la página HTML. Necesitará crear un formulario HTML simple y un enlace a un Javascript.

```html
<html>

<head>

<script src="clienthint.js"></script>

</head>

<body>

<form>

Nombre: <input type="text" id="txt1"
onkeyup="showHint(this.value)">

</form>

<p>Sugerencias: <span id="txtHint"></span></p>

</body>

 </html>
```

El AJAX JavaScript

Este es el código del Javascript, almacenado en el archivo "clienthint.js":

```javascript
var xmlHttp;

function showHint(str) {
```

```javascript
  if (str.length==0) {

document.getElementById("txtHint").innerHTML="";

return;

  } xmlHttp=GetXmlHttpObject();

  if (xmlHttp==null) {

    alert ("Su navegador no soporta AJAX!");

    return;

}

var url="gethint.asp";

url=url+"?q="+str;

url=url+"&sid="+Math.random();

xmlHttp.onreadystatechange=stateChanged;

xmlHttp.open("GET",url,true);

xmlHttp.send(null);

}

function stateChanged() {
```

```
if (xmlHttp.readyState==4) {
document.getElementById("txtHint").innerHTML=xmlHtt
p.responseText;

}}

function GetXmlHttpObject() {

var xmlHttp=null;  try {    // Firefox, Opera 8.0+, Safari

xmlHttp=new XMLHttpRequest();

  } catch (y) {    // Internet Explorer

 try {

    xmlHttp=new ActiveXObject("Msxml2.XMLHTTP");

} catch (y) {

xmlHttp=new ActiveXObject("Microsoft.XMLHTTP");

 }}

 return xmlHttp;

}
```

No hay ninguna cosa como un usuario de AJAX. Las páginas de AJAX pueden ser servidas a todos los usuarios de Internet.

La página de usuario es llamada por el JavaScript, en el ejemplo del capítulo anterior es un archivo en ASP llamado "gethint.asp".

A continuación, veremos dos ejemplos del código, uno escrito en ASP y el segundo en una página de usuario en PHP.

Ejemplo de AJAX ASP

El código de la página de "gethint.asp" está escrito en VBScript para un usuario del Internet Information Service (IIS). Este es el encargado de realizar las verificaciones de la lista con los nombres y los códigos correspondientes al nombre del cliente:

<%

response.exp?res=-1

dim a(30)

'Fill up array with names

a(1)="Anna"

a(2)="Juana"

a(3)="María"

a(4)="Mercedes"

a(5)="Eva"

a(6)="Marta"

a(7)="Patricia"

a(8)="Helena"

a(9)="Susana"

a(10)="Mónica"

a(11)="Verónica"

a(12)="Sonia"

a(13)="Rocío"

a(14)="Rosana"

a(15)="Petunia"

a(16)="Amanda"

a(17)="Raquel"

a(18)="Carla"

```
a(19)="Doris"

a(20)="Arancha"

'coge el parámetro q de la URL

q=ucase(request.querystring("q"))

'busca todos los ítems del array if length of q>0

if len(q)>0 then

hint=""

for i=1 to 30

if q=ucase(mid(a(i),1,len(q))) then

if hint="" then

hint=a(i)

else

hint=hint & " , " & a(i)

end if

end if

next

end if
```

```
'Salida "no hay sugerencias" si no se encontró nada

'o Salida de los valores correctos

if hint="" then

response.write("no hay sugerencias")

else

response.write(hint)

end if

%>
```

Ejemplo de AJAX PHP

Ahora veremos el mismo código de acabamos de ver pero reescrito en PHP.

Nota: Para que este ejemplo pueda funcionar plenamente en PHP, recuerde cambiar el valor de la variable de la URL en "clienthint.js" de "gethint.asp" a "gethint.php"".

Ejemplo PHP

```php
<?php

header("Cache-Control: no-cache, must-revalidate");
```

```php
// Date in the past

header("Expires: Mon, 26 Jul 1997 05:00:00 GMT");

// Fill up array with names

$a[]="Anna";

$a[]="Anna"

$a[]="Juana"

$a[]="María"

$a[]="Mercedes"

$a[]="Eva"

$a[]="Marta"

$a[]="Patricia"

$a[]="Helena"

$a[]="Susana"

$a[]="Mónica"

$a[]="Verónica"

$a[]="Sonia"

$a[]="Rocío"
```

```php
$a[]="Rosana"

$a[]="Petunia"

$a[]="Amanda"

$a[]="Raquel"

$a[]="Carla"

$a[]="Doris"

$a[]="Arancha"

//coge el parámetro q de la URL

$q=$_GET["q"];

//busca los ítems en el array if length of q>0

if (strlen($q) > 0)

{

$hint="";

for($i=0; $i<count($a); $i++)

{

if (strtolower($q)==strtolower(substr($a[$i],0,strlen($q))))

{
```

```php
if ($hint=="")

{

$hint=$a[$i];

}

else

{

$hint=$hint." , ".$a[$i];

}

}

}

}
```

// establece la salida "no hay sugerencias" si no encuentra el item

// o el valor correcto

```php
if ($hint == "")

{

$response="no hay sugerencias";
```

```
}

else

{

$response=$hint;

}

//output the response

echo $response;

?>
```

EJEMPLO DE AJAX CON BASES DE DATOS

AJAX puede ser usado para realizar una comunicación interactiva con una base de datos.

Ejemplo de la base de datos de AJAX

En el ejemplo de AJAX siguiente veremos como una página Web puede buscar información en una base de datos usando la tecnología de AJAX.

El ejemplo de AJAX

El ejemplo contiene un formulario HTML simple y un enlace a un Javascript:

```
<html>

<head>

<script src="selectcliente.js"></script>

</head>

<body>

<form>

Selecciona un Cliente: <select name="clientes"
onchange="showCliente(this.value)">

<option value="MANUJI">Manuel Jimenez

<option value="NORTS ">Norte/Sur

<option value="VIGGA">Galicia Pontevedra </select>

</form>

<p> <div id="txtHint"><b> La información del cliente
será listada aquí.</b></div> </p>

</body>

</html>
```

Como puede ver tenemos un formulario HTML simple con
una pequeña caja de texto debajo "Cliente".

En el parágrafo siguiente al formulario podemos ver un "txtHint llamado div". El div se usa como un placeholder para la información recuperada del servidor web.

Cuando el usuario selecciona datos, la función llamada "showCliente ()" se ejecuta. La ejecución de la función es activada por el evento del "onchange". En otras palabras: Cada vez que el usuario cambie el valor en la pequeña caja de debajo, se llamará a la función showCliente.

EL AJAX JAVASCRIPT

Este es el código Javascript almacenado en el archivo "selectcliente.js":

```
var xmlHttp

function showCliente(str) { xmlHttp=GetXmlHttpObject();

if (xmlHttp==null)

{

  alert ("Su navegador no soporta AJAX!");

  return;

}

var url="getcliente.asp";
```

```javascript
url=url+"?q="+str;

url=url+"&sid="+Math.random();

xmlHttp.onreadystatechange=stateChanged;

xmlHttp.open("GET",url,true);

xmlHttp.send(null);

}

function stateChanged() {

if (xmlHttp.readyState==4) {
document.getElementById("txtHint").innerHTML=xmlHtt
p.responseText;

}}

function GetXmlHttpObject() {

var xmlHttp=null;

try { // Firefox, Opera 8.0+, Safari

xmlHttp=new XMLHttpRequest(); }

catch (y ) { // Internet Explorer

try {

xmlHttp=new ActiveXObject("Msxml2.XMLHTTP");
```

```
}

  catch (y ) {

xmlHttp=new ActiveXObject("Microsoft.XMLHTTP"); }

  }

return xmlHttp;

}
```

La página del usuario de AJAX

La página de usuario llamada por Javascript, está un archivo de ASP llamado "getcliente.asp".

La página está escrita en VBScript para un usuario del Information Internet Server (IIS). Podría ser reescrita fácilmente en PHP, o en otro lenguaje de usuario.

El código funciona enviando una consulta SQL a una base de datos y devolviendo el resultado como una tabla en HTML:

```
<%

response.expires=-1

sql="SELECT * FROM CLIENTES WHERE CLIENTEID="
```

```
sql=sql & """ & request.querystring("q") & """

set conn=Server.CreateObject("ADODB.Connection")

conn.Provider="Microsoft.Jet.OLEDB.4.0"

conn.Open(Server.Mappath("/db/northwind.mdb"))

set rs = Server.CreateObject("ADODB.recordset")

rs.Open sql, conn

response.write("<table>")

do until rs.EOF

for each x in rs.Fields

response.write("<tr><td><b>" & x.name & "</b></td>")

response.write("<td>" & x.value & "</td></tr>")

next

rs.MoveNext

loop

response.write("</table>")

%>
```

AJAX se puede usar para una comunicación interactiva con una base de datos.

Ejemplo de base de datos de AJAX con PHP

En el ejemplo de AJAX siguiente veremos como una página web puede buscar información en una base de datos de MySQL usando la tecnología de AJAX.

Este ejemplo consiste en cuatro elementos:

- Base de datos MySQL
- Un formulario HTML simple
- Un Javascript
- Una página de PHP

LA BASE DE DATOS

La base de datos que usaremos en este ejemplo será como está:

Id	Nombre	Apellido	Edad	Ciudad	Profesión
1	Peter	Griffin	41	Quahog	Cervecero
2	Lois	Griffin	40	NewPort	Profesora
3	Joseph	Swanson	39	Quahog	Policía
4	Glenn	Quagmire	41	Quahog	Piloto

EL FORMULARIO DEL HTML

El ejemplo siguiente contiene un formulario HTML simple y un enlace a un Javascript:

```
<html>

<head>

<script src="selectuser.js"></script>

</head>

<body>

<form> Seleccionar Usuario:

<select name="users"
onchange="showUser(this.value)">

<option value="1">Peter Griffin</option>

<option value="2">Lois Griffin</option>

<option value="3">Glenn Quagmire</option>

<option value="4">Joseph Swanson</option> </select>

</form>

<p>

<div id="txtHint">

<b>La información del usuario se listará aquí. </b>
```

```
</div>

</p>

</body>

</html>
```

El formulario del HTML

Como se puede ver es sólo un simple formulario HTML con un menú desplegable de "usuarios llamados" con los nombres y la identificación de la base de datos como valores de la opción.

El párrafo que sigue al formulario contiene un "txtHint llamado div". Se utiliza el div como un marcador de posición para la información que recuperamos del servidor web.

Cuando el usuario selecciona los datos, se ejecuta una función llamada "**showUser()**". La ejecución de la función es activada por el evento "**onchange**".

En otras palabras: Cada vez que el usuario cambia el valor del campo select, se llamará a la función **ShowUser()**.

EL JAVASCRIPT

Este es el código del Javascript almacenado en el archivo "selectuser.js":

```javascript
var xmlHttp

function showUser(str) {

xmlHttp=GetXmlHttpObject()

if (xmlHttp==null) {

alert ("El navegador no soporta HTTP Request")

return

}

var url="getuser.php"

url=url+"?q="+str

url=url+"&sid="+Math.random()

xmlHttp.onreadystatechange=stateChanged

xmlHttp.open("GET",url,true)

xmlHttp.send(null)

}

function stateChanged() {
```

```
if (xmlHttp.readyState==4 ||
xmlHttp.readyState=="complete") {

document.getElementById("txtHint").innerHTML=xmlHtt
p.responseText

}

}

function GetXmlHttpObject() {

var xmlHttp=null;

try {

// Firefox, Opera 8.0+, Safari

xmlHttp=new XMLHttpRequest();

} catch (e) {

//Internet Explorer

try {

xmlHttp=new ActiveXObject("Msxml2.XMLHTTP");

} catch (e) {

xmlHttp=new ActiveXObject("Microsoft.XMLHTTP");

}
```

```
}

return xmlHttp;

}
```

Explicación del ejemplo

stateChanged() y las funciones de GetXmlHttpObject () son las mismas que en el AJAX de PHP sugerido en el capítulo anterior.

La función del showUser()

Si un artículo es seleccionado, la función ejecutará lo siguiente:

1. Invita a la función GetXmlHttpObject a crear un objeto de xmlHttp.
2. Define la URL (nombre del archivo) para enviar al usuario
3. Añade un parámetro (q) a la URL con el índice de la caja dropdown
4. Añade un número aleatorio para impedir que el usuario use un archivo cacheado
5. Llama a la función **stateChanged** cuando se produce un cambio
6. Abre el objeto xmlHttp con la URL dada.
7. Envía una petición HTTP al usuario

LA PÁGINA PHP

La página del usuario se llamará mediante el Javascript, que está en un archivo de PHP llamado "getuser.php".

La página está escrita en PHP y usa una base de datos de MySQL.

El código funciona con una consulta al MySQL enviada a una base de datos y retorna el resultado como una tabla del HTML:

```
$q=$_GET["q"];

$con = mysql_connect('localhost', 'usuarioAdmin', 'Pass123');

if (!$con)

{

die('Could not connect: ' . mysql_error());

}

mysql_select_db("ajax_demo", $con);

$sql="SELECT * FROM user WHERE id = '".$q."'";

$result = mysql_query($sql);
```

```php
echo "<table border='1'>
<tr>
<th>Nombre</th>
<th>Apellidos</th>
<th>Edad</th>
<th>Vigo</th>
<th>Profesi&oacute;n</th>
</tr>";
while($row = mysql_fetch_array($result))
{
echo "<tr>";
echo "<td>" . $row['Nombre'] . "</td>";
echo "<td>" . $row['Apellidos'] . "</td>";
echo "<td>" . $row['Edad'] . "</td>";
echo "<td>" . $row['Vigo'] . "</td>";
echo "<td>" . $row['Profesion'] . "</td>";
echo "</tr>";
```

```
}

echo "</table>";

mysql_close($con);

?>
```

Explicación del Ejemplo

Cuando el Javascript envía la consulta, la página de PHP hace lo siguiente:

1. PHP abre una conexión a un usuario de MySQL
2. El "user" con el nombre especificado es encontrado
3. Se crea una tabla y los datos son introducidos y enviados al placeholder "txtHint"

EJEMPLO DE AJAX XML

AJAX se puede usar para una comunicación interactiva con un archivo de XML.

En el ejemplo de AJAX siguiente veremos como una página Web puede buscar la información de un archivo XML usando la tecnología AJAX.

Explicación del Ejemplo

El ejemplo un formulario HTML simple y un enlace a un Javascript:

```html
<html>

<head>

<script src="selectcd.js"></script>

</head>

<body>

<form>

Selecciona un CD:

<select name="cds" onchange="showCD(this.value)">

<option value="David Güetta">David Güetta</option>

<option value="Oscar Mulero">Oscar Mulero</option>

<option value="Led Zepelin">Led Zepelin</option>

</select>

</form>

<p>

<div id="txtHint"><b>La Información del CD será listada aquí.</b></div>
```

```
</p>

</body>

</html>
```

Como se puede ver es sólo un simple formulario HTML con un sencillo menú desplegable "Llamados CD".

El párrafo que sigue al formulario contiene un "txtHint llamado div". Se utiliza el div como un marcador de posición para la información recuperada desde el servidor web.

Cuando el usuario selecciona los datos, se ejecuta una función llamada "showCD". La ejecución de la función es activada por el evento "onchange". En otras palabras: Cada vez que el usuario cambie el valor en el cuadro desplegable, se llamará a la función showCD.

EL AJAX JAVASCRIPT

Este es el código del Javascript almacenado en el archivo "selectcd.js":

```
var xmlHttp

function showCD(str)

{

xmlHttp=GetXmlHttpObject();
```

```
if (xmlHttp==null)

{

alert ("Tu navegador no soporta AJAX!");

return;

}

var url="getcd.asp";

url=url+"?q="+str;

url=url+"&sid="+Math.random();

xmlHttp.onreadystatechange=stateChanged;

xmlHttp.open("GET",url,true);

xmlHttp.send(null);

}

function stateChanged()

{

if (xmlHttp.readyState==4)

{
```

```javascript
document.getElementById("txtHint").innerHTML=xmlHttp.responseText;

}}
function GetXmlHttpObject()

{

var xmlHttp=null;

try

{

// Firefox, Opera 8.0+, Safari

xmlHttp=new XMLHttpRequest();

}

catch (e)

{

// Internet Explorer

try

{

xmlHttp=new ActiveXObject("Msxml2.XMLHTTP");
```

```
}

catch (e)

{

xmlHttp=new ActiveXObject("Microsoft.XMLHTTP");

}

}

return xmlHttp;

}
```

LA PÁGINA DEL USUARIO DE AJAX

La página del usuario se llamará mediante el Javascript, que está en un archivo de ASP llamado "getcd.asp".

La página está escrita en VBScript para un usuario de Information Internet Server (IIS). Podría ser reescrita fácilmente en PHP, o en otro lenguaje de usuario.

El código ejecuta una consulta en un archivo XML y devuelve el resultado como HTML:

```
<%

response.expires=-1
```

```
q=request.querystring("q")

set xmlDoc=Server.CreateObject("Microsoft.XMLDOM")

xmlDoc.async="false"

xmlDoc.load(Server.MapPath("cd_CATALOGOo.xml"))

set
nodes=xmlDoc.selectNodes("CATALOGO/CD[ARTISTA=
'" & q & "']")

for each x in nodes

for each y in x.childnodes

response.write("<b>" & y.nodename & ":</b> ")

response.write(y.text)

response.write("<br />")

next

next

%>
```

EJEMPLO DE PHP Y DE AJAX XML

AJAX se puede usar para una comunicación interactiva con un archivo XML.

En el ejemplo de AJAX siguiente veremos como una página web puede buscar la información de un archivo XML usando la tecnología de AJAX.

Este ejemplo consiste en cuatro páginas:

- Un formulario HTML simple
- Un archivo XML
- Un JavaScript
- Una página en PHP

EL FORMULARIO HTML

El ejemplo anterior contiene un formulario HTML simple y un enlace a un Javascript:

```
<html>

<head>

<script src="selectcd.js"></script>

</head>

<body>

<form>
```

Selecciona CD:

```
<select name="cds" onchange="showCD(this.value)">

<option value="David Güetta">David Güetta</option>

<option value="Led Zepelin">Led Zepelin</option>

<option value="Massive Attack">Massive Attack</option>

</select>

</form>

<p>

<div id="txtHint"><b>La información del CD será listada aquí.</b></div>

</p>

</body>

</html>
```

Ejemplo explicado

Como puede ver es sólo un formulario HTML simple con un select simple "llamados CD".

El párrafo que sigue al formulario contiene un "txtHint llamado div". Se utiliza el div como un marcador de posición para la información recuperada desde el servidor web.

Cuando el usuario selecciona los datos, se ejecuta una función llamada "showCD". La ejecución de la función es activada por el evento "onchange".

En otras palabras: cada vez que el usuario cambia el valor del campo de selección, se llamará a la función showCD.

EL ARCHIVO XML

Este es el código del archivo XML que se llamará "cd_CATALOGO.xml".

```
<?xml version="1.0" encoding="ISO-8859-1" ?>

<!--

Edited with XML Spy v2007 (http://www.altova.com)

-->

CATALOGO>

CD>
```

TITULO>Empire Burlesque</TITULO>

ARTISTA>Bob Dylan</ARTISTA>

PAIS>USA</PAIS>

DISCOGRAFICA>Columbia</DISCOGRAFICA>

PRECIO>10.90</PRECIO>

ANIO>1985</ANIO>

</CD>

CD>

TITULO>Hide your heart</TITULO>

ARTISTA>Bonnie Tyler</ARTISTA>

PAIS>UK</PAIS>

DISCOGRAFICA>CBS Records</DISCOGRAFICA>

PRECIO>9.90</PRECIO>

ANIO>1988</ANIO>

</CD>

CD>

TITULO>Greatest Hits</TITULO>

ARTISTA>Dolly Parton</ARTISTA>

PAIS>USA</PAIS>

DISCOGRAFICA>RCA</DISCOGRAFICA>

PRECIO>9.90</PRECIO>

ANIO>1982</ANIO>

</CD>

CD>

TITULO>Still got the blues</TITULO>

ARTISTA>Gary Moore</ARTISTA>

PAIS>UK</PAIS>

DISCOGRAFICA>Virgin records</DISCOGRAFICA>

PRECIO>10.20</PRECIO>

ANIO>1990</ANIO>

</CD>

CD>

TITULO>Eros</TITULO>

ARTISTA>Eros Ramazzotti</ARTISTA>

PAIS>EU</PAIS>

DISCOGRAFICA>BMG</DISCOGRAFICA>

PRECIO>9.90</PRECIO>

ANIO>1997</ANIO>

</CD>

CD>

TITULO>One night only</TITULO>

ARTISTA>Bee Gees</ARTISTA>

PAIS>UK</PAIS>

DISCOGRAFICA>Polydor</DISCOGRAFICA>

PRECIO>10.90</PRECIO>

ANIO>1998</ANIO>

</CD>

CD>

TITULO>Sylvias Mother</TITULO>

ARTISTA>Dr.Hook</ARTISTA>

PAIS>UK</PAIS>

DISCOGRAFICA>CBS</DISCOGRAFICA>

PRECIO>8.10</PRECIO>

ANIO>1973</ANIO>

</CD>

CD>

TITULO>Maggie May</TITULO>

ARTISTA>Rod Stewart</ARTISTA>

PAIS>UK</PAIS>

DISCOGRAFICA>Pickwick</DISCOGRAFICA>

PRECIO>8.50</PRECIO>

ANIO>1990</ANIO>

</CD>

CD>

TITULO>Romanza</TITULO>

ARTISTA>Andrea Bocelli</ARTISTA>

PAIS>EU</PAIS>

DISCOGRAFICA>Polydor</DISCOGRAFICA>

PRECIO>10.80</PRECIO>

ANIO>1996</ANIO>

</CD>

CD>

TITULO>When a man loves a woman</TITULO>

ARTISTA>Percy Sledge</ARTISTA>

PAIS>USA</PAIS>

DISCOGRAFICA>Atlantic</DISCOGRAFICA>

PRECIO>8.70</PRECIO>

ANIO>1987</ANIO>

</CD>

CD>

TITULO>Black angel</TITULO>

ARTISTA>Savedad Rose</ARTISTA>

PAIS>EU</PAIS>

DISCOGRAFICA>Mega</DISCOGRAFICA>

PRECIO>10.90</PRECIO>

ANIO>1995</ANIO>

</CD>

CD>

TITULO>1999 Grammy Nominees</TITULO>

ARTISTA>Many</ARTISTA>

PAIS>USA</PAIS>

DISCOGRAFICA>Grammy</DISCOGRAFICA>

PRECIO>10.20</PRECIO>

ANIO>1999</ANIO>

</CD>

CD>

TITULO>For the good times</TITULO>

ARTISTA>Kenny Rogers</ARTISTA>

PAIS>UK</PAIS>

DISCOGRAFICA>Mucik Master</DISCOGRAFICA>

PRECIO>8.70</PRECIO>

ANIO>1995</ANIO>

```
</CD>

CD>

TITULO>Big Willie style</TITULO>

ARTISTA>Will Smith</ARTISTA>

PAIS>USA</PAIS>

DISCOGRAFICA>Columbia</DISCOGRAFICA>

PRECIO>9.90</PRECIO>

ANIO>1997</ANIO>

</CD>

CD>

TITULO>Tupelo Honey</TITULO>

ARTISTA>Van Morrison</ARTISTA>

PAIS>UK</PAIS>

DISCOGRAFICA>Polydor</DISCOGRAFICA>

PRECIO>8.20</PRECIO>

ANIO>1971</ANIO>

</CD>
```

CD>

TITULO>Soulsville</TITULO>

ARTISTA>Jorn Hoel</ARTISTA>

PAIS>Norway</PAIS>

DISCOGRAFICA>WEA</DISCOGRAFICA>

PRECIO>7.90</PRECIO>

ANIO>1996</ANIO>

</CD>

CD>

TITULO>The very best of</TITULO>

ARTISTA>Cat Stevens</ARTISTA>

PAIS>UK</PAIS>

DISCOGRAFICA>Island</DISCOGRAFICA>

PRECIO>8.90</PRECIO>

ANIO>1990</ANIO>

</CD>

CD>

TITULO>Stop</TITULO>

ARTISTA>Sam Brown</ARTISTA>

PAIS>UK</PAIS>

DISCOGRAFICA>A and M</DISCOGRAFICA>

PRECIO>8.90</PRECIO>

ANIO>1988</ANIO>

</CD>

CD>

TITULO>Bridge of Spies</TITULO>

ARTISTA>T'Pau</ARTISTA>

PAIS>UK</PAIS>

DISCOGRAFICA>Siren</DISCOGRAFICA>

PRECIO>7.90</PRECIO>

ANIO>1987</ANIO>

</CD>

CD>

TITULO>Private Dancer</TITULO>

ARTISTA>Tina Turner</ARTISTA>

PAIS>UK</PAIS>

DISCOGRAFICA>Capitol</DISCOGRAFICA>

PRECIO>8.90</PRECIO>

ANIO>1983</ANIO>

</CD>

CD>

TITULO>Midt om natten</TITULO>

ARTISTA>Kim Larsen</ARTISTA>

PAIS>EU</PAIS>

DISCOGRAFICA>Medley</DISCOGRAFICA>

PRECIO>7.80</PRECIO>

ANIO>1983</ANIO>

</CD>

CD>

TITULO>Pavarotti Gala Concert</TITULO>

ARTISTA>Luciano Pavarotti</ARTISTA>

PAIS>UK</PAIS>

DISCOGRAFICA>DECCA</DISCOGRAFICA>

PRECIO>9.90</PRECIO>

ANIO>1991</ANIO>

</CD>

CD>

TITULO>The dock of the bay</TITULO>

ARTISTA>Otis Redding</ARTISTA>

PAIS>USA</PAIS>

DISCOGRAFICA>Atlantic</DISCOGRAFICA>

PRECIO>7.90</PRECIO>

ANIO>1987</ANIO>

</CD>

CD>

TITULO>Picture book</TITULO>

ARTISTA>Simply Red</ARTISTA>

PAIS>EU</PAIS>

DISCOGRAFICA>Elektra</DISCOGRAFICA>

PRECIO>7.20</PRECIO>

ANIO>1985</ANIO>

</CD>

CD>

TITULO>Red</TITULO>

ARTISTA>The Communards</ARTISTA>

PAIS>UK</PAIS>

DISCOGRAFICA>London</DISCOGRAFICA>

PRECIO>7.80</PRECIO>

ANIO>1987</ANIO>

</CD>

CD>

TITULO>Unchain my heart</TITULO>

ARTISTA>Joe Cocker</ARTISTA>

PAIS>USA</PAIS>

DISCOGRAFICA>EMI</DISCOGRAFICA>

PRECIO>8.20</PRECIO>

ANIO>1987</ANIO>

</CD>

</CATALOGO>

EL JAVASCRIPT

Este es el código JavaScript en el archivo "selectcd.js":

```
var xmlHttp

function showCD(str)

{

xmlHttp=GetXmlHttpObject()

if (xmlHttp==null)

{

alert ("Browser does not support HTTP Request")

return

}

var url="getcd.php"
```

```
url=url+"?q="+str

url=url+"&sid="+Math.random()

xmlHttp.onreadystatechange=stateChanged

xmlHttp.open("GET",url,true)

xmlHttp.send(null)

}

function stateChanged()

{

if          (xmlHttp.readyState==4          ||
xmlHttp.readyState=="complete")

{

document.getElementById("txtHint").innerHTML=xmlHtt
p.responseText

}

}

function GetXmlHttpObject()

{

var xmlHttp=null;
```

```
try

{

// Firefox, Opera 8.0+, Safari

xmlHttp=new XMLHttpRequest();

}

catch (e)

{

// Internet Explorer

try

{

xmlHttp=new ActiveXObject("Msxml2.XMLHTTP");

}

catch (e)

{

xmlHttp=new ActiveXObject("Microsoft.XMLHTTP");

}

}
```

return xmlHttp;

}

Ejemplo explicado

Las funciones **stateChanged()** y **GetXmlHttpObject** son las mismas que en el último capítulo.

La función showCD()

Si un select es seleccionado, la función ejecutará lo siguiente:

1. Invita a la función GetXmlHttpObject a crear un objeto xmlHttp.
2. Define la URL (nombre del archivo) para enviar al usuario
3. Añade un parámetro (q) a la URL con el índice del campo de entrada
4. Añade un número aleatorio para impedir que el usuario use un archivo cacheado
5. Se llama a la función **stateChanged** cuando se produce un cambio
6. Abre el objeto XMLHTTP con la URL dada.
7. Envía una petición HTTP del usuario

LA PÁGINA PHP

El usuario es llamado mediante el Javascript, que está en un archivo de PHP llamado "getcd.php".

La página está escrita en PHP usando el XML DOM cargando el "cd_CATALOGO.xml" original de XML.

El código ejecuta una consulta en el archivo XML y devuelve el resultado como HTML:

```php
<?php

$q=$_GET["q"];

$xmlDoc = new DOMDocument();

$xmlDoc->load("cd_catalogo.xml");

$x=$xmlDoc->getElementsByTagName('ARTISTA');

for ($i=0; $i<=$x->length-1; $i++)

{

//Process only element nodes

if ($x->item($i)->nodeType==1)

{

if ($x->item($i)->childNodes->item(0)->nodeValue == $q)

{
```

```php
$y=($x->item($i)->parentNode);

}

}

}

$cd=($y->childNodes);

for ($i=0;$i<$cd->length;$i++)

{

//Process only element nodes

if ($cd->item($i)->nodeType==1)

{

echo($cd->item($i)->nodeName);

echo(": ");

echo($cd->item($i)->childNodes->item(0)->nodeValue);

echo("<br />");

}

}

?>
```

Ejemplo explicado

Cuando la consulta se envía desde Javascript a la página PHP ocurre lo siguiente:

1. PHP crea un objeto de XML DOM del archivo de "cd_CATALOGO.xml".
2. Todos los elementos del "ARTISTA" (NodeTypes = 1) se enlazan por completo para encontrar el nombre que coincida con el enviado por el JavaScript.
3. El CD que contiene el artista correcto es encontrado.
4. La información del álbum es enviada al placeholder del "txtHint".

Ejemplo de AJAX ResponseXML

Así como el responseText devuelve la respuesta del HTTP como un string, el responseXML devuelve la respuesta como XML.

La propiedad de ResponseXML devuelve un objeto del original XML, que pueda ser examinado y analizado gramaticalmente usando métodos y propiedades del árbol del nudo de la W3C DOM.

En el siguiente ejemplo de AJAX veremos como una página Web puede buscar la información de una base de datos usando la tecnología de AJAX.

Los datos seleccionados de la base de datos esta vez serán convertidos a un original de XML, y después usaremos el DOM para extraer los valores que se indican.

Ejemplo de AJAX explicado

El ejemplo anterior contiene un formulario HTML, diversos elementos del <span> para recoger los datos devueltos, y un enlace a un Javascript:

<html>

<head>

<script src="selectcliente_xml.js"></script>

</head>

<body>

<form action="">

Select a Customer:

<select   name="clientes" onchange="showCliente(this.value)">

```
<option value="MANGA">Manolo García</option>

<option value="NORTE ">Norte/Sur</option>

<option value="GALPO">Galicia Pontevedra</option>

</select>

</form>

<b><span id="nombreempresa"></span></b><br />

<span id="nombrecontacto"></span><br />

<span id="direccion"></span>

<span id="ciudad"></span><br/>

<span id="pais"></span>

</body>

</html>
```

El ejemplo anterior contiene un formulario HTML con un cuadro desplegable "llamados clientes".

Cuando el usuario selecciona un cliente en el cuadro desplegable, se ejecuta la función "ShowCustomer ()". La ejecución de la función se activa por el evento "onchange". En otras palabras: cada vez que el usuario cambie el valor en el cuadro desplegable, se llamará a la función showCustomer ().

EL AJAX JAVASCRIPT

Este es el código del Javascript almacenado en el archivo "selectcliente_xml.js":

```
var xmlHttp

function showCliente(str)

{

xmlHttp=GetXmlHttpObject();

if (xmlHttp==null)

{

alert ("Tu navegador no soporta AJAX!");

return;

}

var url="getcliente_xml.asp";

url=url+"?q="+str;

url=url+"&sid="+Math.random();

xmlHttp.onreadystatechange=stateChanged;

xmlHttp.open("GET",url,true);
```

```javascript
xmlHttp.send(null);

}

function stateChanged()

{

if (xmlHttp.readyState==4)

{

var xmlDoc=xmlHttp.responseXML.documentElement;

document.getElementById("nombreempresa").innerHTM
L=

xmlDoc.getElementsByTagName("nombreemp")[0].child
Nodes[0].nodeValue;

document.getElementById("nombrecontacto").innerHTM
L=

xmlDoc.getElementsByTagName("nombrecont")[0].child
Nodes[0].nodeValue;

document.getElementById("direccion").innerHTML=

xmlDoc.getElementsByTagName("direccion")[0].childNo
des[0].nodeValue;

document.getElementById("ciudad").innerHTML=
```

```
xmlDoc.getElementsByTagName("ciudad")[0].childNode
s[0].nodeValue;

document.getElementById("pais").innerHTML=

xmlDoc.getElementsByTagName("pais")[0].childNodes[0
].nodeValue;

}}

function GetXmlHttpObject()

{

var xmlHttp=null;

try

{

// Firefox, Opera 8.0+, Safari

xmlHttp=new XMLHttpRequest();

}

catch (e)

{

// Internet Explorer

try
```

```
{

xmlHttp=new ActiveXObject("Msxml2.XMLHTTP");

}

catch (e)

{

xmlHttp=new ActiveXObject("Microsoft.XMLHTTP");

}

}

return xmlHttp;

}
```

Las funciones showCliente() y GetXmlHttpObject() anteriores son lo mismo que en los capítulos anteriores. La función stateChanged() también la usamos anteriormente, sin embargo; esta vez devolvemos el resultado como un original de XML (con responseXML) y usando el DOM para extraer los valores que queremos indicar.

LA PÁGINA DEL USUARIO DE AJAX

La página del usuario se llamará mediante el Javascript, que está en un archivo de ASP llamado "getcliente_xml.asp".

La página está escrita en VBScript para un usuario del Information Internet Server (IIS). Podría ser reescrita fácilmente en PHP, o en otro lenguaje de usuario.

El código ejecuta una consulta SQL en una base de datos y devuelve el resultado como un documento XML:

```
<%

response.expires=-1

response.contenttype="text/xml"

sql="SELECT * FROM CLIENTES "

sql=sql & " WHERE CLIENTEID='" & request.querystring("q") & "'"

on error resume next

set conn=Server.CreateObject("ADODB.Connection")

conn.Provider="Microsoft.Jet.OLEDB.4.0"

conn.Open(Server.Mappath("/db/northwind.mdb"))

set rs=Server.CreateObject("ADODB.recordset")

rs.Open sql, conn

if err <> 0 then

response.write(err.description)
```

```
set rs=nothing

set conn=nothing

else

response.write("<?xml version='1.0' encoding='ISO-8859-1'?>")

response.write("<empresa>")

response.write("<nombreemp>" &rs.fields("nombreempresa")& "</nombreemp>")

response.write("<nombrecont>" &rs.fields("nombrecontacto")& "</nombrecont>")

response.write("<direccion>" &rs.fields("direccion")& "</direccion>")

response.write("<ciudad>" &rs.fields("ciudad")& "</ciudad>")

response.write("<pais>" &rs.fields("pais")& "</pais>")

response.write("</empresa>")

end if

on error goto 0

%>
```

Observe la segunda línea en el código de ASP anterior: response.contenttype= "text/xml". La propiedad de ContentType ajusta el tipo del HTTP para el objeto de la respuesta. El valor por defecto de esta propiedad es el "text/HTML". Esta vez queremos que el tipo sea XML. Para ello seleccionamos datos de la base de datos, y configuramos un original de XML con los datos.

EJEMPLO DEL RESPONSEXML DE PHP Y DE AJAX

AJAX se puede usar para devolver la información de la base de datos como XML.

En el ejemplo de AJAX siguiente veremos como una página web puede buscar la información de una base de datos de MySQL, y convertirla en un original de XML, y usar la información de exposición en diversos lugares diferentes.

Este ejemplo se parece mucho al "el ejemplo de la base de datos de AJAX PHP" del último capítulo, pero tiene una diferencia grande: En este ejemplo se obtienen los datos de la página PHP como XML usando el responseXML.

Recibir la respuesta como un original de XML permite que podamos actualizar esta página en diversos lugares, en vez de sólo recibir un PHP output y de indicarlo.

En este ejemplo actualizaremos diversos elementos del <span> con la información que recibimos de la base de datos.

Este ejemplo consiste en cuatro elementos:

- Una base de datos de MySQL
- Un Formulario HTML simple
- Un JavaScript
- Una página en PHP

La base de datos

La base de datos que usaremos en este ejemplo será la siguiente:

Id	Nombre	Apellido	Edad	Ciudad	Profesión
1	Peter	Griffin	41	Quahog	Cervecero
2	Lois	Griffin	40	NewPort	Profesora
3	Joseph	Swanson	39	Quahog	Policía
4	Glenn	Quagmire	41	Quahog	Piloto

EL FORMULARIO DEL HTML

El ejemplo anterior contiene un formulario HTML simple y un enlace a un Javascript:

<html>

<head>

<script src="responsexml.js"></script>

</head>

```html
<body>

<form>

Selecciona un Usuario:

<select                                        name="users"
onchange="showUser(this.value)">

<option value="1">Peter Griffin</option>

<option value="2">Lois Griffin</option>

<option value="3">Glenn Quagmire</option>

<option value="4">Joseph Swanson</option>

</select>

</form>

<h2><span id="nombre"></span>

 <span id="apellidos"></span></h2>

<span id="profesion"></span>

<div style="text-align: right">

<span id="edad_text"></span>

<span id="edad"></span>
```

```
<span id="ciudad_text"></span>

<span id="ciudad"></span>

</div>

</body>

</html>
```

Ejemplo explicado - el formulario del HTML

El formulario del HTML es un select de "usuarios" con nombres y con la "identificación" de la base de datos como valores de la opción. Debajo del formulario hay diversos elementos diferentes del <span> que son usados como placeholders para los valores diferentes que nos vienen como retrive. Cuando el usuario selecciona un objeto, se ejecuta la función llamada "**showUser()**". La ejecución de la función es activada por el evento "**onchange**".

En otras palabras: Cada vez que el usuario cambia el valor en el campo select, se llamará a la función **showUser()** y devolverá el resultado en los elementos especificados del <span>.

EL JAVASCRIPT

Este es el código del Javascript almacenado en el archivo "responsexml.js":

```
var xmlHttp

function showUser(str) {

xmlHttp=GetXmlHttpObject()

if (xmlHttp==null){

alert ("Browser does not support HTTP Request")

return

}

var url="responsexml.php"

url=url+"?q="+str

url=url+"&sid="+Math.random()

xmlHttp.onreadystatechange=stateChanged

xmlHttp.open("GET",url,true)

xmlHttp.send(null)

}
```

```
function stateChanged() {

if               (xmlHttp.readyState==4          ||
xmlHttp.readyState=="complete") {

xmlDoc=xmlHttp.responseXML;

document.getElementById("nombre").innerHTML=

xmlDoc.getElementsByTagName("nombre")[0].childNod
es[0].nodeValue;

document.getElementById("apellidos").innerHTML=

xmlDoc.getElementsByTagName("apellidos")[0].childNo
des[0].nodeValue;

document.getElementById("profesion").innerHTML=

xmlDoc.getElementsByTagName("profesion")[0].childNo
des[0].nodeValue;

document.getElementById("edad_text").innerHTML="Ed
ad: ";

document.getElementById("edad").innerHTML=

xmlDoc.getElementsByTagName("edad")[0].childNodes[
0].nodeValue;

document.getElementById("ciudad_text").innerHTML="<
br/>From: ";
```

```javascript
document.getElementById("ciudad").innerHTML=

xmlDoc.getElementsByTagName("ciudad")[0].childNodes[0].nodeValue;

}

}

function GetXmlHttpObject() {

var objXMLHttp=null

if (window.XMLHttpRequest) {

objXMLHttp=new XMLHttpRequest()

} else if (window.ActiveXObject) {

objXMLHttp=new ActiveXObject("Microsoft.XMLHTTP")

}

return objXMLHttp

}
```

Explicación del ejemplo

Las funciones **showUser()** y GetXmlHttpObject son lo mismo que en el capítulo de la base de datos de AJAX de PHP.

La función stateChanged()

Si se selecciona un artículo en el select, la función ejecutará lo siguiente:

1. Define la variable del "xmlDoc" como un original del xml usando la función del responseXML
2. Recupera los datos de los originales del xml y los coloca en los elementos correctos del <span>

LA PÁGINA DE **PHP**

La página del usuario se llamará mediante el Javascript, que está en un archivo simple PHP llamado "responsexml.php".

La página es escrita en PHP y usa una base de datos de MySQL.

El código ejecuta una consulta SQL en una base de datos y devuelve el resultado como un documento XML:

<?php

header('Content-Type: text/xml');

```php
header("Cache-Control: no-cache, must-revalidate");

//A date in the past

header("Expires: Mon, 2 Jun 1996 04:00:00 GMT");

$q=$_GET["q"];

$con = mysql_connect('localhost', 'usuarioAdmin', 'Pass123');

if (!$con)

{

die('Could not connect: ' . mysql_error());

}

mysql_select_db("ajax_demo", $con);

$sql="SELECT * FROM user WHERE id = ".$q."";

$result = mysql_query($sql);

echo '<?xml version="1.0" encoding="ISO-8859-1"?>

<person>';

while($row = mysql_fetch_array($result))

{
```

```php
echo "<nombre>" . $row['Nombre'] . "</nombre>";

echo "<apellidos>" . $row['Apellidos'] . "</apellidos>";

echo "<edad>" . $row['Edad'] . "</edad>";

echo "<ciudad>" . $row['Ciudad'] . "</ciudad>";

echo "<profesion>" . $row['Profesion'] . "</profesion>";

}

echo "</person>";

mysql_close($con);

?>
```

Explicación del ejemplo

Cuando la consulta es enviada por el Javascript a la página de PHP sucede lo siguiente:

1. El índice-tipo del original de PHP es ajustado para ser "text/xml"
2. El original de PHP es ajustado al "ningún-escondite" para impedir ser cacheado
3. La variable de $q es ajustada para ser los datos enviados del HTML page
4. PHP abre una conexión a un usuario de MySQL

5. El "usuario" con la identificación especificada es encontrado
6. Los datos son devueltos como un original del xml

AJAX AppML

AppML es una iniciativa abierta de la fuente de W3Schools. AppML usa la tecnología AJAX.

¿Que es AppML?

AppML es **App**lication **M**arkup Language

AppML usa XML para describir aplicaciones de Internet

Las aplicaciones de AppML son self-describing

AppML es un lenguaje declarativo

AppML es una plataforma independiente

AppML usa la tecnología AJAX.

AppML es una iniciativa open source(código abierto) de la W3Schools

AppML es un lenguaje declarativo

AppML no es un lenguaje de programación, es un lenguaje declarativo, usado para describir aplicaciones.

Con el AppML puede crear aplicaciones para Internet sin programar. Las aplicaciones tradicionales son escritas en un lenguaje de programación y compiladas, con estructuras de datos y funciones predefinidas. AppML permite que el desarrollador redefina datos y la funciones cuando la aplicación funciona.

Desde que las aplicaciones de AppML son escritas en XML, las aplicaciones de AppML son self-describing.

AppML es independiente del Navegador

Como AppML usa solamente estándares de Internet como HTML (XHTML), CSS, XML, y Javascript, AppML funcionará en todos los navegadores.

AppML usa la tecnología AJAX

AppML usa la tecnología AJAX. Una comunicación en Internet entre la web cliente y el servidor web es realizada con las peticiones del HTTP.

JQUERY

jQuery es una biblioteca de JavaScript cross-browser desarrollada para simplificar los scripts client-side que interactúan con el HTML. Esta fue lanzada en enero de 2006 en el BarCamp de Nueva York por John Resig. Usada por cerca del 55% de los 10 mil webs más visitados del mundo, jQuery es la más popular de las bibliotecas JavaScript.2 3

jQuery es una biblioteca de código abierto y posee licencia dual, haciendo uso de la Licencia MIT o de la GNU General Public License versión 2.4 La sintaxis del jQuery fue desarrollada para hacer más simple la navegación por el documento HTML, la selección de elementos DOM, crear animaciones, manipular eventos y desarrollar aplicaciones AJAX. La biblioteca también ofrece la posibilidad de creación de plugins sobre ella. Haciendo uso de tales facilidades, los desarrolladores pueden crear capas de abstracción para interacciones de más bajo nivel, simplificando el desarrollo de las aplicaciones web dinámicas de gran complejidad.

Microsoft y Nokia anunciaron planes de incluir el jQuery en sus plataformas, Microsoft la adoptará inicialmente en el Visual Studio 6 para su uso con el framework AJAX de ASP.NET, y Nokia en su plataforma Web Run-Team de widgets. La biblioteca jQuery también ha sido usada en el MediaWiki desde la versión 1.16.8.

Las principales funcionalidades del jQuery son:

- Resolución de la impatibilidad entre los navegadores.
- Reducción de código.
- Reutilización del código a través de plugins.
- Utilización de una vasta cantidad de plugins creados por otros desarrolladores.
- Trabaja con AJAX y DOM.
- Implementación segura de recursos de CSS1, CSS2 y CSS3.

Para empezar, necesitamos algunas herramientas:

- Si usted aún no tiene un servidor instalado para hacer pruebas, busque cómo instalar Apache + PHP + alguna base de datos (MySQL o PostreSQL).
- Intente conocer algunos Frameworks Javascript. Existen algunos muy utilizados que son prácticamente imposible no conocer.
- Habitúese con las herramientas de desarrollador de su navegador. En el Chrome, existe un conjunto completo de herramientas ya viene instalado. En el Firefox, hay una excelente alternativa que es el Firebug.

Entre los frameworks Javascript, el jQuery es el más utilizado en el mundo. Veamos un ejemplo:

```
[code lang="js" htmlscript="true"]

<html>

<head>
```

```
<script src="/path/to/jquery-1.7.1.min.js"
type="text/javascript"></script>

<!-- O -->

<script
src="http://ajax.googleapis.com/ajax/libs/jquery/1.7.1/jqu
ery.min.js" type="text/javascript"></script>

</head>

</html>
```

[/code]

Dentro de la tag <head>, tenemos dos opciones: añadir la ruta del script que usted bajó (ideal para desarrollo local), o utilizar el acceso que Google suministra libremente (y que muchas webs utilizan, siendo probable que el usuario ya tenga una copia en caché de ese archivo y su página debe cargar más rápido).

Tras incluir el jQuery en nuestra página, vamos a hacer alguna cosa con él. Algo simple, como añadir la API de Youtube y buscar los 5 vídeos más recientes sobre Linux:

[code lang="js" htmlscript="true"]

```
<html>

<head>
```

```html
<script                                    src="jquery-1.7.1.min.js"
type="text/javascript"></script>

</head>

<body>

<script type="text/javascript">

// esto será ejecutado al cargar la página

$(document).ready(function() {

// añade la API de Youtube y busca por videos sobre
Linux

// usamos el formato JSON para recibir los resultados

$.get('http://gdata.youtube.com/feeds/api/videos?q=Linu
x&alt=json&max-results=5', function(result) {

// estos son los resultados devueltos en la consulta

var entries = result.feed.entry;

// mostramos los datos de cada uno

$.each(entries, function(index, item) {

var title = item.title.$t, // el título

desc = item.content.$t, // la descripción
```

```
link = item.link[0].href; // el link

// mostrando los datos en la página

// aquí podría formatear la salida, añadiendo estilos de
CSS, etc.

// ahora solo los mostramos de forma básica

$('body').append('<h3><a href="' + link + '">' + title +
'</a></h3><p>' + desc + '</p>');

});

});

});

</script>

</body>

</html>
```

[/code]

Ese es un ejemplo simple. Vea que, al mostrar los datos,
nosotros no formateamos nada. Sólo mostramos el título con
el link para el vídeo y la descripción. Pero la API de Youtube
devuelve muchos más datos, como el nombre del usuario
que subió el vídeo, la fecha de publicación, y mucho más.
No es nuestro objetivo aprender más sobre la API de
Youtube aquí, pero yo recomiendo añadir directamente la

URL que utilizamos en la solicitud GET y estudiar el retorno de Youtube para ver lo que es más posible.

jQuery es una biblioteca hecha para facilitar el trabajo en JavaScript, su lema es: "haga más, escriba menos", ya que logra que las tareas que requieren muchas líneas de código en Javascript puro pueden ser realizadas de un modo ágil en jQuery. La propia biblioteca es un conjunto de clases y funciones JavaScript, y simplifica la manipulación del Document Object Model (DOM).

- Los principales usos de jQuery son:
- Manipulación HTML/DOM
- Manipulación CSS
- Eventos y métodos HTML
- Efectos y animaciones
- Integración con AJAX
- Diversos plugins para tareas comunes (calendario, sliders, menús, etc.)

Wikipedia, Google, Netflix, Wordpress, de entre otros usan jQuery.

Tenemos dos maneras de instalar jQuery:

- Descargar la biblioteca y guardar el archivo en su directorio de desarrollo. Puede descargar la biblioteca en la URL: http://jquery.con/download/
- Usando un CDN que contenga una versión del jQuery.

En el caso del CDN:

Es necesario tener una conexión activa a internet durante la primera vez que acceda al archivo. Una vez descargado, el servidor almacena el archivo, no necesitando así, descargarlo otra vez.

JQUERY VS .$( )

Esas dos notaciones son utilizadas para acceder al objeto jQuery.
.$( ) es la más conveniente por ser más corta

A partir de esta notación es posible acceder a los elementos del DOM para poder llamar métodos para opara laar sobre ellos.

P.ej.: .$("p") o jQuery ("p") selecciona todos los párrafos del documento.

$ (DOCUMENT).READY( )

Garantiza que la página sea manipulada de forma segura, para lao solamente funciona cuando el DOM está cargado

Una buena práctica consiste en usar el código jQuery dentro de esta función, como podemos ver a continuación:

$(document).ready(function() {

$("#div1").html ("Pronto!");

});

$ (WINDOW).LOAD()

Es muy parecido a #document.ready( ), excepto que el código será ejecutado sólo cuando todo el documento esté cargado, incluyendo imágenes y frames.

$(window).load(function() {

$("#div1").html ("Cargado!");

});

A continuación, veremos unos ejemplos de las funcionalidades que nos ofrece jQuery:

Selectores

//Seleccionar por el ID del elemento

$("#id").css("color","#FF0000");

//Seleccionar por la clase del elemento

var background = $(".clase").css("background-color");

//Selectores CSS3

$("#contenido:not(p)").css("font-size" , "12px");

//Objetos

```
$("li").each(function(index){

  alert(index + " : " + $(this).text());

});
```

Eventos

```
//Clic

$("#boton").clic(function(){

  alert("Clic!");

});

//Mouse Hover/Out

$("#boton").hover(function(){

  alert("Hover!");

}, function(){

  alert("Hover Out!");

});
```

Manipulando el DOM

```
//Sobrescribir contenido

$("#contenido").html("<p>Un nuevo texto.</p>");

//Añadir contenido

$("#contenido").append("<p>Una continuación.</p>");

//Limpiar contenido

$("#contenido").empty();

//Remover elemento

$("#contenido").remueve();
```

Ajax

```
//Método extendido

$.ajax({

    type: "GET",

    url: "destino/peticion",

    success: function(retorno){

        $("#contenido").html(retorno);
```

```
    }

});
```

//Método Reducido

```
$("#contenido").load("destino/peticion");
```

jQuery es una biblioteca JavaScript Open Source muy robusta, y que nos provee de gran libertad para innovar y poner el foco en el desarrollo de la solución, dejando de lado las particularidades sobre la incompatibilidad de los navegadores, ya que todo eso ya esta implementado y rigurosamente probado en el CORE del jQuery.

Para poder manipular su HTML con JavaScript, necesitará garantizar que el documento HTML ya esté cargado, esto es necesario ya que normalmente el archivo javascript está enlazado en el encabezado del documento, por lo tanto, este es procesado antes que el propio HTML, siendo así, necesitamos usar una función del jQuery para verificar si el documento ya fue cargado, eso no incluye imágenes, videos ni flash, sólo el texto.

```
<script type="text/javascript">

jQuery(document).ready(function(){

    alert("Ok, el DOM está cargado!");

    //Inserte sus código aquí...
```

```
});
```

```
</script>
```

Selección de elementos

El jQuery soporta selectores CSS, inclusive CSS3 independiente de que el navegador lo soporte o no, por ello, consiguirá seleccionar elementos de su árbol HTML con selectores CSS3.

```
// Seleccionar por ID
```

```
var miDiv = jQuery("#mi-div");
```

```
//Añadir Clase CSS al elemento
```

```
miDiv.addClass("mi-clase");
```

```
//Capturar valor de un Input con Id #nombre
```

```
var nombre = jQuery("#nombre").val();
```

```
//establecer valor en el input
```

```
jQuery("#nombre").val("Luis");
```

Manipulación del DOM

Con jQuery es muy fácil manipular los elementos, veamos algunos ejemplos:

//Recuperando el Contenido HTML de un elemento

var contenido = jQuery("#otra-div").html();

//Manipular textos dentro de elementos

jQuery("p.frase").text("Nuevo texto del Parágrafo"); //<p class="frase">

//Insertar contenido al inicio del elemento

jQuery("h2").prepend("Inicio...");

//Insertar contenido al final del elemento

jQuery("h2").append("...final");

Eventos

Con jQuery puede añadir eventos fácilmente de forma no obstructiva.

//Añadiendo el evento clic

jQuery(".btn").clic(function(){

```
  alert("Clic");

});

//Presione alguna tecla

jQuery("input[type=text]").keypress(function(){

  alert("Teclee algo...");

});
```

Ajax

Cargando contenido del servidor de forma asíncrona.

```
//Petición básica con jQuery

jQuery.ajax({

  type: "POST",

  url: "url_destino.php",

  fecha: { foo: 'bar' },

  success: function(msg){

    alert( "Respuesta: " + msg );

  }
```

```
});
```

```
//Cargando respuesta Ajax directamente en un elemento
HTML
```

```
var miDiv = jQuery("#mi-div");
```

```
miDiv.load('url_archivo.php',          {nome        :
jQuery("#nombre").val()} );
```

OBSERVANDO EVENTOS HTML

Hasta hace poco, era muy común que nos pudiéramos encontrar con códigos HTML con eventos JavaScript embutidos en forma de atributos, no es que eso sea "ilegal" pero definitivamente no es una buena práctica de programación Web, veamos un ejemplo:

```
<img                                        src="..."
onclick="javascript:abre_pop_up('imagen_top');" />
```

Mezclar HTML con JavaScript dificulta mucho el mantenimiento de la página, principalmente en archivos HTML grandes, ya que en el caso de que necesite cambiar algún parámetro en una función, tendría que cambiar el código en todos los lugares donde añadió el evento, y esto también perjudica su posicionamiento Web en los motores de búsqueda, ya que su código estará "sucio" según la interpretación del robot del buscador que rastrea el contenido.

Con jQuery podemos usar observadores de eventos de forma no obstructiva, o sea, sin incrustarlo en el HTML, así esta tarea queda mucho más simple. Veamos un ejemplo.

Código de Ejemplo en HTML

```html
<ul id="menú">

  <li>Item 1</li>

  <li>Item 2</li>

  <li>Item 3</li>

</ul>
```

Código JavaScript con jQuery

```javascript
$('document').ready(function(){

  $('#menu li').clic(function(){

    alert('Clic?');

  });

});
```

Observe que el selector "#menú li" es igual que en CSS, así puede usar todos los selectores que el jQuery pueda interpretar correctamente, inclusive selectores CSS3, independientemente del navegador. En el ejemplo de arriba usamos el evento "clic" pero usted podrá definir otros eventos, verifique la tabla completa en la página http://api.jquery.con/category/events/.

Otra forma de observar eventos con jQuery es usando el método .bind(), la ventaja de esa opción es que puede crear eventos personalizados y ejecutarlos a través de desencadenantes (triggers), o también definir múltiples tipos de eventos para un elemento, vea el ejemplo:

```
$('#foo').bind('mouseenter mouseleave', function() {

  alert('Entrar o salir con el ratón);

});
```

O

```
$('#foo').bind({

  clic: function() {

    alert('clic');

  },

  mouseenter: function() {

    alert('Entrar con el ratón');

  }
```

```
});
```

Para dejar de observar un evento atribuido con el .bind() puede usar el método unbind().

```
$('#foo').unbind('clic');
```

AJAX Y JSON CON JQUERY Y PHP

Originalmente el término AJAX se refiere a Asynchronous "Javascript and XML", o sea, Javascript y XML Asíncrono. Voy a explicar esto con un ejemplo práctico: Imagine que su web necesita buscar información en el servidor basada en algún dato o evento del usuario sin que se haga un refresh en la página, por ejemplo, al hacer clic en un botón mostrará una ventana con los datos del alta de un cliente. Con JavaScript "PURO" podría implementar unas pocas líneas para efectuar una petición AJAX con retorno XML, pero para eso necesitaría tener mucho cuidado con detalles oscuros de implementación, principalmente con las particularidades del Internet Explorer pero eso es un tema para otra discusión, tras la petición necesitará montar el retorno XML, usando una biblioteca o concatenando <, >, ", tags y datos y etc...

Finalmente, un ejemplo básico de esto puede ser implementado rápidamente con un código elegante usando Ajax, JSON, jQuery y PHP.

JSON (http://json.org/) es un formato muy orientado al tráfico de datos, acepta cadenas, números y booleanos, vea un ejemplo:

{"nombre":"Luis"}

Veamos esto en la práctica:

Página HTML:

<html>

  <head>

    <script   type="text/javascript" src="jquery.js"></script>

    <script   type="text/javascript" src="ejemplo.js"></script>

    <title>Ejemplo</title>

  </head>

  <body>

    <button>Clic aquí</button>

  </body>

</html>

Código del archivo "ejemplo.js", dando vida al HTML

```
//Cuando el Documento HTML está cargado

jQuery(document).ready(function(){

    //Al clicar en un elemento del tipo button

    jQuery("button").clic(function(){

        //Petición Ajax

        jQuery.ajax({

            url: "pagina.php", //URL de destino

            dataType: "json", //Tipo de Retorno

            success: function(json){ //Ocurre todo de manera
correcta

                var msg = "Nombre: " + json.nombre + "\n";

                msg += "Apellidos: " + json.apellidos + "\n";

                msg += "Edad: " + json.edad;

                alert(msg);

            }

        });

    });
```

```php
});
```

Código del archivo "pagina.php" (respuesta de la petición)

```php
<?php

    $arr = array(); //Declaración de la variable como array

    //Atribución de los valores en la posición
    correspondiente en el array

    $arr['nombre'] = "Luis";

    $arr['apellidos'] = "Rodríguez";

    $arr['edad'] = 25;

    $arr['hombre'] = true;

    /**

    * Observación: Una petición AJAX recibe como
    retorno todo lo

    * que se escribe en el lado del servidor, por lo tanto
    no tenemos que

    * hacer un return y si un echo o un print.

    */

    //La función json_encode() convierte un array para el
    formato JSON
```

echo json_encode($arr);

?>

Este es un ejemplo muy simple, puede implementar soluciones más complejas con los mismos recursos que hemos visto en el código anterior.

JQUERY – EVENTOS EN CONTENIDO CARGADO POR AJAX

El método .ready() de jQuery se ejecuta después que todo el DOM (Documento HTML) se halla cargado, si atribuye observadores de eventos del tipo .clic() o .bind() y la definición de esos eventos, cargará el contenido por Ajax y hará que ese contenido también sea observable a los eventos atribuidos, para ello deberá usar el método .live().

Con .live() se define el evento independientemente de si el elemento existe o aún está siendo cargado, veamos un ejemplo:

```
$('.clickeame').live('clic', function() {

  alert('click');

});
```

Resumiendo, en el momento de la ejecución de ese código, todos los elementos con el atributo class="clickeame" serán observados, y tras esa etapa añade al DOM los nuevos elementos con el mismo atributo, estos también serán observados, eso es posible gracias al método .live();

Si necesita desactivar un observador live(), finalice el evento con .die().

$('.clickme').die();

//o ('.clickme').die('clic');

$

JQUERY UI

Antes de comenzar a producir código es necesito saber de lo que el jQuery UI es capaz, a continuación, podemos ver una breve lista de los principales recursos y funcionalidades:

- Efectos Avanzados
- Temas
- Web Standards (HTML Sintaxis)
- Accesible
- Personalizable
- Cross-navegador (Sin necesidad de Plugin/VM)
- jQuery UI CSS Framework

Para comenzar a usar los componentes visuales del jQuery UI necesita descargar en la web http://jqueryui.com/, escoja uno de los temas disponibles o personalice uno de los temas usados en el Theme Roller.

En su proyecto simplemente tendrá que introducir 3 links en el head: el CSS del tema, y dos archivos JavaScript, uno del jQuery y otro del jQueryUI, como en el ejemplo de a continuación.

```
<link type="text/css" href="css/redmond/jquery-ui-
1.8.16.custom.css" rel="stylesheet" />

<script type="text/javascript" src="js/jquery-
1.6.2.min.js"></script>
```

```
<script type="text/javascript" src="js/jquery-ui-
1.8.16.custom.min.js"></script>
```

Para cada componente que desee utilizar su secuencia será muy simple. Solamente tendrá que ajustar su HTML en el formato del widget deseado y con unas pocas líneas de javascript transformará su layout en una interfaz interactiva bastante amigable, a continuación, podemos ver un ejemplo de uso práctico de algunos de esos widgets.

jQuery UI – Datepicker. Calendario

HTML

```
<input type="text" id="calendario" />
```

JavaScript

```
$(function(){

  $("#calendario").datepicker();

});
```

jQuery UI – Tabs. Pestaña

HTML

```
<div id="tabs">
```

```html
<ul>

  <li><la href="#tabs-1">Pestaña 1</a></li>

  <li><la href="#tabs-2">Pestaña 2</a></li>

</ul>

<div id="tabs-1">

  <p>Sección de la Pestaña 1</p>

</div>

<div id="tabs-2">

  <p>Sección de la Pestaña 2</p>

</div>

</div>
```

JavaScript

```javascript
$(function(){

  $("#tabs").tabs();

});
```

jQuery UI – Accordion (Menú acordeón)

HTML

```html
<div id="accordion">

  <h3><a href="#">Sección 1</a></h3>

  <div>

    <p>Lorem ipsum dolor</p>

  </div>

  <h3><a href"#">Sección 2</a></h3>

  <div>

    <p>Vestibulum sit amet purus.</p>

  </div>

</div>
```

JavaScript

```javascript
$(function(){

  $("#accordion").accordion();

});
```

jQuery UI – Dialog (Ventana Modal)

HTML

```html
<div id="dialog" title="Ventana Modal">

  <p>Sección...</p>

</div>
```

JavaScript

```javascript
$(function(){

  $("#dialog").dialog({

    modal: true

  });

});
```

Merece la pena echar un vistazo en la documentación oficial para visualizar los demás componentes, acceda a la Web mediante el link http://jqueryui.con/demos.

Si el jQuery ya hace milagros bastantes milagros de por sí, con la extensión UI (User Interfaz) este se convierte en una herramienta esencial. Desarrollar sistemas Web accesibles es mucho más sencillo usando sus componentes visuales, ya tiene todo listo, solamente tendrá que insertar el HTML de los componentes, llamar a un CSS y escribir algunas líneas de JavaScript y automáticamente su sistema tendrá un aspecto mucho más bonito, usable y fácil de mantener.

Actualmente los componentes visuales disponibles son: Accordion (Menú acordeón), Autocomplete (Estilo búsqueda del Google), Botones, Calendario, Ventanas (Inclusive Modal), Barras de Progreso, Slider y Pestañas.

Con el ThemeRoller es posible seleccionar uno de los 24 temas pre-configurados o montar su perfil de colores en la propia web, y además podrá exportar el CSS del tema generado con sólo 1 clic.

Y tiene más, si no encuentra ningún componente de los que necesita, tiene el jQuery UI CSS Framework para poder construir sus propias soluciones y usar el patrón visual de los otros Widgets.

TRADUCIENDO EL CALENDARIO. EL DATEPICKER DEL JQUERY UI

En el paquete estándar del jQuery UI, viene un directorio "i18n" con archivos de traducción para los diversos idiomas, para traducir el calendario solamente tiene que linkar un archivo javascript más en su proyecto, pero tenga en cuenta que ese link se añadirá al código después de llamar al archivo .js del jQuery UI, como podemos ver en el código abajo.

```html
<link type="text/css" href="css/redmond/jquery-ui-1.8.16.custom.css" rel="stylesheet" />

<script type="text/javascript" src="js/jquery-1.6.2.min.js"></script>

<script type="text/javascript" src="js/jquery-ui-1.8.16.custom.min.js"></script>

<script type="text/javascript" src="js/jquery.ui.datepicker-es-ES.js"></script>
```

IR HACIA EL TOP DE LA PÁGINA USANDO JQUERY

A continuación, vamos a ver dos maneras simples de crear un link hacia el top de la página usando jQuery sin tener que crear anclas en su HTML y con la ventaja de poder usar una animación, veamos los ejemplos:

Sin animación

```javascript
$('html, body').animate({ scrollTop: 0 }, 0);
```

Con animación

```javascript
$('html, body').animate({ scrollTop: 0 }, 'slow');
```

Solamente tiene que colocar ese script en el evento de clic, en un link o en un botón y ya podrá usarlo

Referencia: http://www.mipaginaweb.com/2013/10/ir-al-top-de-la-web-con-jquery/.

USAR UN SELECT CON JQUERY + AJAX + JSON

Si necesita crear un formulario de dar de alta con campos del tipo select para el estado y la ciudad, ¿Se actualizará automáticamente la lista de ciudades cuando el usuario selecciona un estado? pues bien, existen varias formas de realizar esto, de forma síncrona (refresh en la página), asíncrona con ajax, con javascript obstructivo (onchange="javascript:cargaCiudades(this.value)"), y códigos sin ningún tipo vergüenza en el lado del servidor, mezclando HTML con consultas a bases de datos y concatenación de strings.

La solución que vamos a ver a continuación es muy simple, eficiente y muy limpia, no vamos a mezclar lenguajes de programación en ningún momento, eso es posible usando una petición ajax con un retorno de datos en formato estructurado listo para ser consumido por la interfaz, en nuestro ejemplo ese retorno será del tipo JSON (JavaScript Object Notation) que no es más que un diccionari de datos multidimensional, mucho más ligero y simple de implementar si lo comparamos con el XML (eXtensible Markup Language).

Veamos la solución.

De entrada, necesita tener su HTML con uno de los combos con los valores ya rellenados, como podemos ver en el ejemplo de abajo:

ejemplo.html

```html
<html>

  <head>

    <title>Ejemplo</title>

    <script                            type="text/javascript"
src="jquery.js"></script>

    <script                            type="text/javascript"
src="ejemplo.js"></script>

  </head>

  <body>

    <label for="fabricante">Fabricante:</label>

    <select name="fabricante" id="fabricante">

      <option value="1">Fiat</option>

      <option value="2">Ford</option>

      <option value="3">SEAT</option>
```

```html
</select>

<br />

<label for="vehiculo">Vehículo:</label>

<select name="vehiculo" id="vehiculo"></select>
</body>
</html>
```

ejemplo.js

```javascript
$(document).ready(function(){
  $("#fabricante").change(function(){
    $.ajax({
      type: "POST",
      url: "ejemplo.php",
      data: {fabricante: $("#fabricante").val()},
      dataType: "json",
      success: function(json){
        var options = "";
```

```javascript
    $.each(json, function(key, value){

        options += '<option value="' + key + '">' + value
+ '</option>';

    });

    $("#vehiculo").html(options);

  }

  });

 });

});
```

ejemplo.php

```php
<?php

header('Content-type: text/json');

$retorno = array();

switch($_POST['fabricante'])

{

  case 1: //Fiat
```

```php
$retorno = array(

    10 => "Uno",

    11 => "Punto",

    12 => "Seicento"

);

break;

case 2: //Ford

$retorno = array(

    13 => "Escort",

    14 => "Ka",

    15 => "Focus"

);

break;

case 3: //SEAT

$retorno = array(

    16 => "Arosa",

    17 => "Leon",
```

```
    18 => "Ibiza"

    );

    break;

}

echo json_encode($retorno);

?>
```

PASANDO UNA FUNCIÓN NOMBRADA

Es posible pasar una función nombrada a $(document) o a $(window) en vez de una función anónima, por ejemplo:

```
function fn1 ( jQuery )

// Código se ejecutará cuando el documento esté
cargado
$( document ).ready( fn1 );
// o:
$( window ).load( fn1 );
```

SELECTORES

El concepto más básico de JQuery es "seleccionar un elemento y hacer algo con él", jQuery soporta la mayoría de los selectores CSS y algunos propios, como:

Selector	Ejemplo
ID	$("#myId");
Nombre de la clase	$(".myClass");
Atributo	$("input[name='identidad']");
CSS compuesto	$("#contenido ul.para lasonas li");

PSEUDO-SELECTORES

Los pseudo-selectores son insertados con : (dos puntos) seguido del nombre del pseudo-selector, como:

Ejemplo	Significado
$("a.external: first");	el primer elemento de los *links* que tienen la clase ".external"
$("tr: odd");	Todas las líneas que son impares
$("#myForm: input")	Todos los elementos *input* en un formulario
$("div: visible");	Todas las divisiones que son visibles *visible: "height" y "width" son mayores que 0. En caso de "tr" es cuando "display" es diferente de "none"*
$("div: gt (2)");	Todas las divisiones, excepto las dos primeras *gt = mayor que*

PROBANDO SI UNA SELECCIÓN CONTIENE ELEMENTOS

Para realizar la prueba, use un código parecido al del ejemplo.

El tamaño (length) 0 (cero) equivale al booleano false. Este es diferente del cero que es igual a true

if ($("div.foo").length) ;

...

OBTENER Y MODIFICAR INFORMACIONES DE UN ELEMENTO

Método	Significado
.html()	Obtener o insertar contenido HTML. Lo mismo que .innerHTML en JS.
.text()	Obtener o insertar contenido de texto
.val()	Obtener o insertar el valor de un elemento de formulario. Lo mismo que .value en
.attr()	Obtener o modificar el valor de un atributo

.width()	Obtener o modificar la anchura en pixels del primer elemento de la selección
.height()	Obtener o modificar la altura en pixels del primer elemento de la selección
.position()	Obtener la posición de un elemento relativa a su ancestral

MANIPULANDO ATRIBUTOS

Es posible modificar o consultar el valor de un atributo de tag.

**$("a").attr("href",
"allMyHrefsAreTheSameNow.html");**

$("a").attr("href"); //sólo consulta

$("#btn").attr("value", "imprimir");

CREANDO ELEMENTOS DINÁMICAMENTE

Se realiza con la misma notación del selector $( ).

```
//crea el párrafo y atribuir la referencia a la variable
$nuevo

var $nuevo = $( "New element" );

//inserta en #content
$nuevo.appendTo( "#content" );

//elimina el #content insertado después de la última "ul"
$nuevo.insertAfter( "ul:last" );

// "Clona" el párrafo, creando un nuevo e insertándolo
tras el último párrafo

$( "ul" ).last().after( $nuevo.clone() );
```

¿POR QUÉ TRABAJAR CON JQUERY UI?

jQuery UI es una biblioteca que suministra un mayor nivel de abstracción para la interacción de componentes y widgets, como su nombre ya dice, está desarrollado sobre el jQuery. Puede descargarlo o añadir un link del jQuery en www.jqueryui.com.

INSTALACIÓN

Para poder trabajar con jQuery UI tiene que acceder a la Web y seleccionar los componentes que deben formar parte de la instalación, y además de eso es posible escoger el tema (css) de los componentes o también crear su propio tema antes de bajar

Podemos analizar los temas accediendo a:

http://jqueryui.con/themeroller/

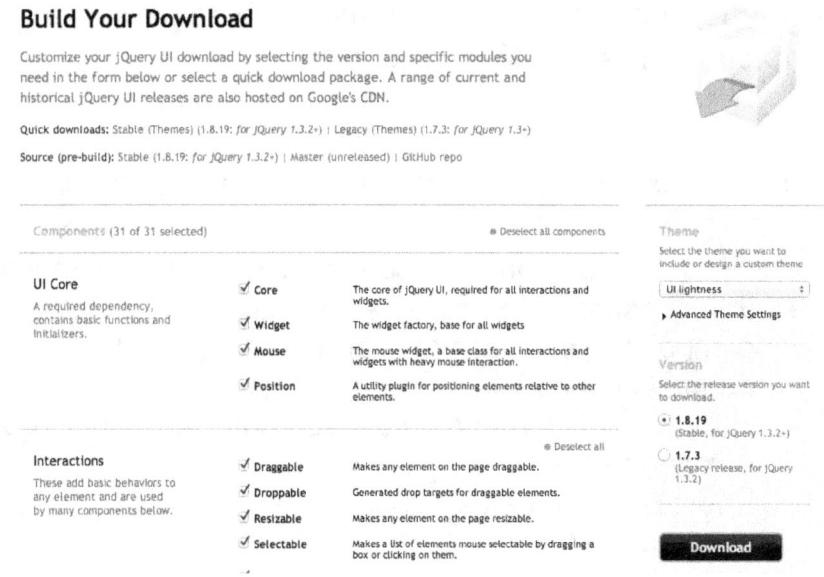

El archivo bajado contiene 3 directorios:

- js: son los archivos con la implementación Javascript que será incluida en la página
- css: son las hojas de estilo del tema seleccionado

- development_bundle: es el archivo al que desea extender las funcionalidades de la biblioteca.

Para poder utilizarlo en una página web, debemos hacer el include de los archivos de script y del css.

```
<script type="text/javascript" src="jquery.js"></script>
```

```
<script type="text/javascript" src="js/jquery-ui-1.8.19.custom.min.js"></script>
```

```
<link type="text/css" href="css/ui-lightness/jquery-ui-1.8.19.custom.css" rel="stylesheet"/>
```

El jQuery UI también contienes varios elementos gráficos:

- Widgets: Componentes concretos de Interfaz Gráfica
- Interactions: Comportamiento para ser añadido a componentes, como arrastrar y dejar ir, redimensionar
- Utilities – Utilitário de bajo nivel, por manipulación de componentes
- Effects – Efectos a ser adicionados a los componentes

El principio de funcionamiento de los Widgets está relacionado a la transformación de un componente HTML en un componente jQuery UI es decir, antes de usar un componente jQuery UI, necesitará crear un elemento HTML que servirá como la base para la construcción del mismo. Veamos la lista de widgets del jQuery UI:

- Accordion
- Autocomplete
- Button
- Datepicker
- Dialog
- Progressbar
- Slider
- Tabs

ACCORDION

Permite crear secciones en la página, que pueden ser expandidas o no. Para crear la estructuración base, debemos crear un div para el Accordion e internamente un par del tipo header/div, siendo respectivamente el título de la sección y su contenido, por ejemplo:

<div id="id">

<hx><a href="#>Título 01</a></hx>

<div>Contenido 01</div>

<hx><a href="#>Título 02</a></hx>

<div>Contenido 02</div>

</div>

Para crear el accordion tenemos que añadir la instrución jQuery:

$(selector).accordion()

Existen otras maneras de crear el Accordion, bien como definir algunas condiciones iniciales, como que sección deberá ser abierta primero.

AUTOCOMPLETE

Permite que un input adquiera la capacidad de autocompletar su contenido. Es muy utilizado para acceder a los datos de un servidor. Para definir un autocomplete se necesita usar un input e informar donde están los datos para autocompletar.

Al ver PHP retomaremos como con el uso de Ajax se pueden recuperar los datos del servidor para nuestra aplicación.

Para utilizar mínimamente el autocomplete, utilizaremos como fuente un array de Strings. La instrucción debe tener como mínimo la siguiente sintaxis: **$selector.autocomplete(source:vector);**

Donde vector debe ser la referencia por variable que represente un vector de Strings.

BUTTON

Button permite transformar componentes en botones. Puede utilizar desde de un button convencional a un elemento del tipo span. Solamente tiene que usar el siguiente código:

$(selector).button();

El método button transforma los elementos seleccionados por el selector en botones

DATEPICKER

Transforma un input del tipo texto para permitir seleccionar un campo del tipo fecha. Para poder utilizarlo debemos aplicar el siguiente código:

$(selector).datepicker();

Este código lo usaremos en un div o en un span, quedando así el calendario automáticamente abierto.

También puede personalizar la animación de aparición del calendario y su duración. También pueden personalizar el lenguaje de presentación.

DIALOG

Permite crear una caja de diálogo en una página, para mostrar mensajes o un formulario completo. Puede ser utilizado en la forma modal o no. Dialog sigue los estándares de los otros componentes, el jQuery UI transforma un div en una caja de diálogo. Su sintaxis más básica es:

$(selector).dialog();

Puede definir algunas propiedades en el momento de la creación de la caja de diálogo, como, por ejemplo:

- autoOpen: Determina si la caja debe ser abierta en el momento de la creación
- Modal: Determina si la caja debe ser abierta en manera modal

También puede añadir efectos a la hora de mostrar y a la hora de cerrar la caja de diálogo. Al igual que también pueden añadir botones a la caja de diálogo y asociar el comportamiento a los mismos.

PROGRESSBAR

Progressbar nos permite construir una barra de progreso. Es muy utilizada cuando trabajemos con el procesamiento en el servidor o cuando hacemos algún procedimiento en paralelo. Para poder usarlo, solamente necesitamos un div. Ejemplo de un uso básico del progressbar:

$(selector).progressbar();

Para modificar el valor del progreso, debemos llamar:

$(selector).progressbar("value",valor), donde valor debe variar de 0 a 100.

TABS
Con Tabs podemos crear una sección para usar con

pestañas. Para su utilización necesitamos definir los siguientes elementos html:

- Un div global
- Un elemento ul para definir la barra de tabs
- Una div de contenido por cada tab

Al final debemos aplicar el método tabs en la div global:

- **$(selector).tabs()**

Existen varias opciones que pueden ser utilizadas, incluso puede cargar el contenido de un tab vía ajax.

REFERENCIAS BIBLIOGRÁFICAS

Para la realización de este libro se han consultado, leido, traducido, contrastado e interpretado información de las siguientes fuentes de información:

La página Web de Mozilla Firefox Developer

Los artículos "Ajax e PHP", "Iniciando no Ajax" de Rafael Holms publicados en presstacao.wordpress.com.

Los artículos "jQuery, primeiros passos", "jquery, escriva pouco faga máis", "Ajax e JSON com jQuery e PHP" y "Popular um Select com jQuery + Ajax + JSON" publicados en la Web blogalizado.com.br.

La jQuery API Documentation.

ACERCA DEL AUTOR

Andrés Serbat Ocaña es un consultor experimentado en el área informática. Con 13 años de experiencia en el sector, a sus 33 años ha ocupado puestos tales como consultor de software ERP, administrador de sistemas de una importante multinacional de automoción, responsable en el desarrollo web y publicidad en una empresa de formación elearning y actualmente consultor tecnológico para empresas y e-docente en el área de desarrollo web y publicidad y marketing online.

Desde el año 2009 Andrés Serbat Ocaña después de haber publicado varios cursos de informática y haber creado varios cursos sobre tecnología en formato digital para plataformas elearning, Andrés, comienza su andadura en el mundo editorial, con la esperanza de llevar el conocimiento y la formación sobre las nuevas tecnologías al mayor público posible.

www.ingramcontent.com/pod-product-compliance
Lightning Source LLC
Chambersburg PA
CBHW071304220526
45468CB00001B/263